Allitera Verlag

Weitere Informationen über den Verlag und sein Programm unter
www.allitera.de

Vollständiger Reprint der Übersetzung von 1780,
erschienen in Amsterdam

Dezember 2012
Allitera Verlag
Ein Verlag der Buch&media GmbH, München
Umschlaggestaltung: Alexander Strathern, München
Printed in Germany · ISBN 978-3-86906-397-3

Original-Briefe
der
Frau Gräfin
Du Barry.

Nebst denjenigen

der Prinzen, hohen Personen,

Ministern und andern, die mit ihr in Briefwechsel stunden, und die man zur Hand bringen können.

Mit vielen lustigen, und beleuchtenden Anmerkungen begleitet.

Aus dem Französischen übersezt.

Amsterdam, M DCC LXXX.

Inhalt
der in dieser Sammlung enthaltenen Briefen.

Brief. Seite.

(Man dörfte sich an diesem Brief aufhalten, weil Mademoiselle Lancon, nachherige Gräfin Dû Barry, diesen ihren Liebhaber plözlich zu duzen anfängt; allein der Uebersezer ist nicht vom Original abgewichen. Es war vermuthlich eine von jenen Etourderies, die Folgen des Andenkens an das was vorgieng, sind.)

(*) 2

Errata.

Im 1sten Brief Seite 1. lis aus dem Kloster St Aure, statt Gemeind.

Im II. Brief Seite 4. in der Anmerkung, in der zwoten Linie l. ebenfalls Kloster, statt Gemeind.

Seite 83. XLV. Brief, l. an den Dúc, statt Grafen von Richelieu.

Seite 204. CV. Brief, ist ausgelassen worden.

Original-Briefe
der
Frau Gräfin Dû Barry.

Erster Brief.
An Herrn Billard Dû Monceau. (*)

Aus der Gemeind St. Aure, den
10. Brachmon. 1758.

Mein Herr und vielgeliebter Pathe!

Ich schreibe Ihnen diese Zeilen, um die Ehre zu haben, mich nach Ihrer Gesundheit zu erkundigen, und Ihnen zu gleicher Zeit zu sagen, daß alles, was man Ihnen von mir hinterbracht,

(*) Madam Dû Barry ist eine Tochter des Herrn Gomart von Vaubernier, Steueramts-Bedienter zu Vaucouleurs, wo sie im J. 1744 gbohren wurde.

brachte, mit Ihrer gütigen Erlaubniß, Ohnwahrheit ist. Die Frau Superiorin sagte Ihnen, daß ich garstige Bücher lese, und sie noch denen übrigen Kostgängerinnen zu lesen gebe. Es ist gerade das Gegentheil. Mademoisell Reville hatte dergleichen Bücher von ihrem Vetter, die sie uns zeigte; ich wollte sie nicht lesen, und sagte, daß es nicht hübsch liesse Indessen las ich sie doch, weil alle meine Gespielinnen sie gelesen hatten, und in mich setzten, ein gleiches zu thun. Das ist das einzige Böse, das ich gethan habe, mein lieber Pathe. In Ansehung der

Herr Billard du Monceau, der zu selbiger Zeit durchreißte, und Proviantmeister war, logirte bey dem Direktor des Steueramts. Er ward nebst der Frau seines Gastwirths ersucht, das Kind des Herrn Gomart von Vaubernier über der Taufe zu halten, und er nahm es an. Madam Du Barry empfieng die Namen, Maria Johanna. Nach dem Tod des Herrn Gomart, gieng seine Frau, die ohne Unterhalt war, mit ihrer Tochter nach Paris, in der Absicht, in irgend einem Haus

der Figur aus der Therese Philosophe, die zerrissen worden ist, so kann ich Sie versichern, daß ich es nicht gethan habe: weiß aber auch nicht, welche von meinen Gespielinnen es seyn möchte. Ich wünsche, daß Ihnen der Höchste langes Leben in aller Wohlfahrt schenke, und daß Sie mich besuchen. Ich sehe Sie für meinen l. Vater an, und liebe Sie auch eben so sehr.

Ich bin mit aller möglichen Hochachtung

Mein Herr und vielgeliebter Pathe

Ihre ꝛc.

Mariandchen Daubernier.

als Köchin oder Haushalterin unterzukommen. Ihr erster Schritt, den sie that, war, daß sie zu Herrn Dü Monceau gieng, bey dem sie seine Pathin aufführte. Der Pathe gab nun der Mutter Geld, und versorgte sein Pathenkind in der Gemeind St. Aure, die unter der Direktion des Abe Grisel, Beichtvater des Herrn Billard, Postkaßier, Neffe des Herrn Dü Monceau, war. Es schien, daß sich das Mädchen daselbst nicht beym besten aufführte, weil ihrem Pathen zum öftern Klagen über ihr Betragen einkamen.

II. Brief.

Von Abe von Bonnac. (*)

Vitri, den 5. April 1759.

So bist du jetzt in Paris, meine kleine Göttin, und man sagt mir, daß du diesen Abend von da wieder zurükkommen werdest; aber da es mir lieb wäre, dich diesen Abend allein zu sehen, ohne daß Herr Marcieu unsere Zusammenkunft, wie bisdahin, stören könnte, so schike ich dir meinen Kammerdiener, um dich zu bereden, deine Abreise auf morgen zu verschieben. Diesen Abend werde ich in Paris seyn, und sobald ich angekommen bin, wird dich Dùmont abholen. Ich freue mich, dich ohngestört zu sehen. Aussert dem Vergnügen, um

(*) Mademoisell Dù Barry wohnte nicht mehr in der Gemeind St. Aure. Ihre Mutter war seitdem Köchin auf einem Landguth zu Vitri geworden und hatte ihre Tochter bey sich. Herr Dù Monceau that ihnen noch immer Gutes. Er gab monatlich einen Neuen Louisd'or.

um dich zu seyn, habe ich dir tausend Dinge zu erzehlen, die dir, wie ich denke, nicht mißfallen werden. Es hängt nur von dir ab, eine glükliche Bestimmung zu haben. Ich möchte nichts von dir haben, als weniger Leichtsinn, und die für meinen Stand erfoderliche Vorsichtigkeit; ich würde dich dafür schadlos zu halten wissen. Auf Wiedersehn mein kleines Marianchen: ich folge meinem Briefgen von ferne nach, dann ich liebe dich zum Tollwerden.

Abe von Bonnac.

III. Brief.

An Abe von Bonnac.

Paris, den 14. April 1759.

Mein Herr Abe!

Sie machten mir wohl viele Versprechungen, als Sie mich zu lieben anfiengen. Ich war Ihr kleiner Engel, Ihr kleiner Schatz, und Sie sagten mir, daß ich nur verlangen könnte. Ich forderte Ihnen eine Robe von Taffet;

Sie sagten mir immer, wenn Sie hieher kämen, würden Sie mir selbige geben, und nun haben Sie schon drey Reisen hieher gethan, ohne an mich zu gedenken. Das ist nicht brav, mein Herr! Sie haben mich angeführt. Wenn den Werth von demjenigen gekannt hätte, so ich Ihnen hingab, ich hätte mich nicht so leicht verleiten lassen. Sie wissen, daß ich Ihnen den Vorzug vor Herrn Marcieu (*) gab, und dieser, glaube ich, wäre ehrlicher als Sie gewesen. Wenn Sie mir auf den Sonntag meine Robe nicht geben, so werde ich Madam sagen, was Sie mir gethan haben, und so lange weinen, bis sie mir verzeiht und Sie auszankt. Leben Sie wohl, Herr Abe, ich bin

Ihre gehorsame Dienerin.

Mariandchen Vaubernier.

IV.

(*) Herr von Marcieu war ein Obrist, der nebst dem Abe von Bonak in das Haus, in welchem Mademoiselle Vaubernier war, gieng, und ihr auch den Hof zu machen schien.

IV. Brief.
An ihre Mutter.

Liebe Mutter!

Ich bin sehr gut in dem Haus, wo Sie mich hingethan haben. Herr und Frau Labille erweisen mir viele Freundschaft. Es kommen den ganzen Tag so viele vornehme Leute, daß ich der schönen Sachen, die ich sehe, nicht satt werden kann. Alles was mir zusetzt, ist, daß ich nicht so geputzt, wie meine Gespielinnen seyn kann. Sie sagten mir, daß dieses ein sehr guter Gewerb wäre, auch will ich mich waker angreifen, um Geld wie sie zu verdienen.

Gestern kam eine grosse Dame (*) in die Bude, um etwas zu kaufen; ich glaube, daß ich ihr gefiel, denn sie intereßirte sich für mich. Sie gab mir ihre Addresse, und sagte zu mir, zu ihr zu kommen wenn ich könnte. Sie ist mir

(*) Madam Gourdan, eine berüchtigte Kupplerin zu Paris.

mir sicher gut, und gleich morgen werde ich trachten, zu ihr hin zu gehen. Es hat Sie etwas gekostet, mich hier unterzubringen; aber es soll nichts verlohren seyn. Ich bin versichert, wir werden nicht immer arm seyn; und wenn ich reich werden kann, so sollen Sie's auch seyn. Leben Sie wohl, liebe Mutter. Ich bin

Ihre Tochter

M. Lancon. (*)

* *

V. Brief.

An Herrn Abe von Gonzier. (**)

Herr Abe!

Gestern sagte ich Ihnen meinen Namen und Zuschrift, obschon mir's von Madam Gourdan verbotten war. Sie wollte mir auch nicht sagen,

(*) Bey dem Eintritt in das Haus des Herrn Labille, Modenhändler, nahm Madam Dû Barry den Namen, Mademoiselle Lancon an.

(**) Jetziger Bischof von Arras.

sagen, wer Sie seyen; allein ich habe es durch einen Zufall erfahren, denn Sie liessen einen Brief fallen, den ich aufhob und in die Tasche stekte. Ich schike ihn durch diese Gelegenheit wieder zurük, um Sie meiner Hochachtung zu versichern, und Sie zu bitten, Ihre Gewogenheit gegen mich fortzusetzen. Du hast mir versprochen, mich zu unterhalten und mir Gutes zu thun. Ich gehe auf dein Wort. Ich soll dir sagen, daß du mir gestern recht wehe thatst; ich konnte heute nicht gehen; ich glaube jedoch nicht, daß mich dieses abhalten werde, dich auf den Donnerstag bey M. Gourdan zu sehen. Ich werde meiner Frau sagen, daß ich zu meiner Mutter gehe. Du hast mir eine Uhr versprochen, du wirst sie mir mitbringen. Ist's nicht so? Adieu mein schöner Abe, ich liebe Sie so sehr, als Sie liebenswürdig sind, und das ist viel.

Lancon, bey H. Labille
Modenhändler, Strasse St. Honore.

VI. Brief.

An Herrn Billard Dů Monceau, ihren Path.

Paris, den 30. Christm. 1760.

Mein Herr u. vielgeliebter Pathe!

Seitdem wir einander bey Madam Gourdan (*) antrafen, und Sie so böse auf mich waren, mich daselbst zu sehen, war ich immer im Kummer, weil ich sahe, daß ich Ihre Freundschaft verlohren hatte; allein ich kann Sie versichern, daß ich seitdem nimmer hingegangen bin. Ich bin immer bey Herrn Labille, wo man sehr wohl mit mir zufrieden ist. Erlauben Sie, daß ich Ihnen zum Neuen Jahr alles das, was

(*) Es war bey Madam Gourdan ein wunderbarer Auftritt zwischen dem Pathe und der Tauftochter. Er machte öfters bey der Frau Kupplerin mit, und diese versprach ihm eines Tages ein frisches und hübsches Mädchen. Er versäumte die verabredete Stunde nicht, fand aber seine Tauftochter. Voller Scham, sich an einem solchen Ort vor diesem Mädchen zu sehen, schalt er sie aus,

was zu Ihrer Glükseligkeit beytragen kann, anwünsche. Auch bitte ich Sie, mir Ihre Freundschaft, die mir so lieb ist, wieder zu schenken. Ich darf nicht selbst zu Ihnen hinkommen, aus Forcht, Sie möchten es übel nehmen, dahero Ihnen meine Mutter diesen Brief überbringen wird. Ich wünsche Ihnen, mein Herr und werthester Pathe, ein gutes und glükliches Jahr, nebst vielen folgenden, und bitte den Höchsten, daß er Sie gesund erhalten wolle. Ich bin mit der tiefsten Ehrfurcht

Ihre ꝛc.

M. Vaubernier.

und gab ihr derbe Verweise. "Aber mein Pathe, (sagt ihm gescheidter Weise die Kleine,) ist es etwas schlimmes, sich an einem Ort zu befinden, wo Sie auch sind?" Der über diese Antwort in die Wuth gerathene Pathe kann sich nicht enthalten, und giebt ihr Stockschläge. Madam Gourdan kömmt darzu, und sezt sie aus einander. Man muß Madam Dû Barry Gerechtigkeit wiederfahren lassen, daß sie seit diesem Zufall nimmer zu der Kupplerin hingieng.

VII. Brief.
Von Hr. Dûval, Bedienter am Seewesen.

den 6. Hornung, 1761. (*)

Warum wolltest du dann nicht, meine liebe Lancon, daß ich mit dir zur höchsten Stuffe der Glükseligkeit gelangen sollte? Du sagtest mir, daß du mich liebtest, ich sagte dir das gleiche

(*) Der Zufall, der Herr Dûval mit Mad. Du Barry bekannt gemacht hat, ist sehr sonderbar. Dieser junge Mensch, von hübscher Gestalt, und hinlänglichem Vermögen sich kostbar sehen zu lassen, wohnte in dem Haus des Hrn. Labille. Er gefiel der kleinen Lancon; und sie gieng ihm entgegen. Sehen sie wie sie sich dazu anschikte. Die Modenhändlerin konnte malen, und gab zum Zeitvertreib ihren Ladenmädchen Unterricht im Zeichnen. Mademoiselle Lancon, als sie etwelchen Begrif davon hatte, amûsirte sich das Bildnis des Hrn. Dûval mit Bleystift auf einen Bogen Papier zu zeichnen, und heftete es hernach an

gleiche; wir sind beyde frey. Die Stunde, der Ort alles war uns günstig, und wir genoßen nur den Schatten des Vergnügens statt des Wesentlichen. Du warest nicht so ekel mit dem niderträchtigen Bonnac, von dem du mir sagtest, und doch waren die Umstände weit delikater

seine Thür. Dem jungen Menschen fiel beym Hereingehen gleich auf, er müßte einer von den Demoiselles, des Hrn. Labille in die Augen gestochen haben. Das küzelt seine Eigenliebe. Er glaubt, daß man in ihn verliebt seye, weiß aber nicht wer; — was liegt daran. Er thut das Portrait wieder wo er's genommen hat und schreibt darunter: Ich möchte gern den Verfasser des Portraits kennen. Abends fand er sein Portrait, mit demjenigen eines Mädchens bedekt, worunter die Worte stunden: Ich bins. Nun ist er von seinem guten Geschike ganz bezaubert. Gleich den folgenden Morgen geht er in die Bude der Modenhändlerin, und besieht die Mädchen alle. Die kleine Lancon lächelt. Er fängt auf der Stelle an für sie zu schmachten; denkt nur an sie und schreibt Abends an seine Thüre:

delikater. Du hast mir versprochen, die Ursache deiner Weigerung zu sagen. Ich erwarte es, und gestehe dir, daß ich sie nicht begreiffen kan. Diese Nacht habe ich nichts geschlafen; du warst mir immer vor Augen. Ich wälzte mich an den Rand meines Beths, ich

Wenn wäre es meinem Maler gelegen mich bey Nahem auszumachen? Mademoiselle Lancon liest es beym Schlaffengehen und antwortet: Sonntag Morgens um 9 Uhr wird Ihr Maler bey Ihnen frühstüken, lassen Sie Ihre Thür halb offen. Düval läßt auf die bestimmte Stunde ein gutes Frühstük zurüsten; schikt seinen Bedienten weg; läßt die Thüre halb offen; die kleine Lancon geht hinein. Er schließt die Thüre zu. Der junge Mensch nimt sich Freyheiten mit seiner Geliebten aus, denen sie sich nicht entzieht. Er will weiter vorschreiten, allein sie widersezt sich. Er fragt nach der Ursache; sie giebt ihm schlechterdings zur Antwort, daß er sie nachwärts erfahren würde. Indessen verschaft ihm die junge Lancon alle Freuden, die der junge Mensch nur

ich wähnte dich in der Mitte, glaubte mit dir zu reden, dich zu fühlen, dich zu umarmen; aber alle das, meine liebste Freundin gewährte mir nichts. Uebergieb meinem Bedienten deine Antwort, und erkläre dich. Ich erwarte es mit der grösten Undedult, glaub' es dem zärtlichsten Liebhaber

Dúval.

VIII. Brief.

An Herrn Dúval.

Ja mein lieber Freund, ich habe es dir gesagt, und wiederhole es: ich liebe dich von Herzen. Du sagtest mir zwar das gleiche; aber deiner Seits ist's nur Muthwillen: gleich nach dem Genuß würdest du nicht mehr an mich denken.

hoffen kont, bis auf jenen schlüpfrichten Punkt, den die kleine Grausame nicht zulassen will, bey so bewannten Umständen schreibt er an sie um ihre Gesinnung zu vernehmen.

denken. Ich fange an die Menschen zu kennen. Ich will dir sagen wie ich denke, horche:

Ich will kein Ladenmädchen mehr, sondern meiner selbst ein wenig Meister seyn, und möchte dahero jemand finden, der mich unterhielte. Wenn ich dich nicht liebte, so würde ich dir Geld heraus zu locken trachten; ich würde dir sagen, du solltest den Anfang machen mir ein Zimmer zu miethen und es zu meubliren; allein da du mir sagtest, daß du nicht reich wärest, so kannst du mich zu dir nehmen. Es wird dich nicht mehr Hauszins, nicht mehr für deinen Tisch und das übrige deiner Wirthschaft kosten. Mein Unterhalt und mein Kopfputz sind der einzige Aufwand, und für dieses gieb mir monatlich hundert Livres, und mit dem soll alles gethan seyn. Durch dieses Mittel können wir beyde zusammen glücklich leben, und du wirst dich nicht mehr über Weigerung beklagen. Wenn du mich liebst, so nimm diesen Vorschlag an; wenn du mich aber nicht liebst, so laß uns jedes sein Glük anderswo

derswo suchen. Guten Tag; ich umarme dich herzlich.

Den 6. Hornung 1761.

Lancon.

IX. Brief.

Von Herrn Dûval.

Den 15. April 1761.

Du hast dich, meine Kleine, über die Abänderung meiner Behausung nicht wenig wundern müssen, als du sie vernahmst. Die Hartnäkigkeit, mit der du dich weigertest, mein Glük vollkommen zu machen, hat mich dahin verleitet, dir ein Frauenzimmer vorzuziehen, das ich dir, wenn du ein bisgen gefälliger gewesen wärest, aufgeopfert hätte. Wisse nun, daß ich den Sieg über eine Person erhalten habe, deren Herkunft meinen Stolz nicht wenig küzelt, und daß ich nach unserer getroffenen Einrichtung, ein Zimmer in ihrem

Haus nehmen werde. Sey versichert, mein Schäzgen, daß wenn iene Augenblike, die ich bey dir zubrachte, nicht hinreichend genug gewesen sind, dir meine Liebe zu schenken, so sind sie doch wenigstens angenehm genug gewesen, um auf die Freundschaft zu zählen, die dir Zeit Lebens widmet

Dúval.

X. Brief.

An Herrn Dúval.

Den 16. April 1761.

Du berichtest mich, daß du mich um einer vornehmen Person, um einer grossen Dame willen, mit der du leben willst, verlassest. Es dünkt mich, deine Eitelkeit thue sich was zu gut, mir diese Neuigkeit wissen zu lassen. Ich weiß nicht, ob es der Hang deines Herzens ist; aber ich zweifle daran. Ich weiß, daß die Liebe keinen solchen Unterscheid kennt; daß sie alle

alle Frauenzimmer in zwo Klassen eintheilt, die schönen und die garstigen. Ich weiß auch, daß ein junges Mädchen von sechszehn Jahren immer mehr werth war, und immer mehr werth seyn wird, als eine dike Vettel von vierzig Jahren, wenn sie auch aus Bourbonischem Geblüt abstammte. Ueberlege es, ich gebe dir vier und zwanzig Stund Bedenkzeit, und sey versichert, daß du nicht zweymal das gleiche Ding finden wirst Glaube ja nicht, daß ich etwann verlegen seye. Ich habe einen andern Liebhaber, der dich an Ansehn übertrift, und jünger und frischer ist, als du; er ist so schön als Adonis. Pfui! wirst du sagen, wenn ich dir anzeige, daß es mein Perükenmacher ist. Aber grosse Seelen, die sich rühmen, daß sie zu leben wissen, geben öfters ihren Lakayen, vor ihren Ehegatten den Vorzug. Frage deine Geliebte; würdest du wohl, hätte sie auf Rang gesehen, in ihrem Bette seyn? Dieser will mich heurathen; allein ich mag nicht, denn ich könnte in Versuchung gerathen, ihn den folgenden Morgen zum Hanrey zu machen. Nun ist er's auch zufrieden mir alles anzuschaffen, alles, was er aufbringt, mit mir durchzubringen, und wir werden noch etwas weiter hinaus sehen. So lange wir uns lieben, wird die Sache gut gehen. Leb wohl, und überlege es; ich habe jezt etwelche Schwachheit gegen dir; sie dürfte bald vorüber seyn, und vergebens würdest du sie alsdann, wenn du deines vornehmen Frauenzimmers müde seyn wirst, wieder haben wollen. Der Perükenmacher wird dich ausgestochen haben, du wirst rasen, und ich werde dich auslachen. Ich bin deine Dienerin.

Lancon.

XI. Brief.

An Lamet, der sich in Londen aufhält. (*)

Paris, den 30. Augstm. 1761.

Nun sind wir weit von einander entfernt, mein armer Freund, und beyde in einer drekigten Lage! Du hast dich mit mir zu Grunde gerichtet, ich weiß es. Du weist aber auch, daß, als wir noch vollauf hatten, ich es ausschlug, mich von Herrn Monoye, (**) der willens war, seine dike Madam Laurens um meinet-

(*) Dieser Lamet ist der Perükenmacher, von welchem im vorhergehenden Brief die Rede ist, der, wie es scheint, ohngefehr vier Monat mit Madam Dû Barry gelebt hat.

(**) Herr Monoye, Prokurator im Parlement, unterhält seit zwanzig Jahren Madam Laurens, Silberhändlerin in der St. Honore Strasse. Er hat eine artige Tochter von ihr, die jezt mannbar ist.

meinetwillen aufzugeben, unterhalten zu lassen. Ich liebte dich recht sehr und glaubte, daß unserer Glükseligkeit kein Ende wäre; aber wenn wir uns noch so härmten, so wäre es doch wie es ist; laßt uns also Mut fassen. Trachte in London brav Geld zu verdienen und ich will sehen, wie ich hier einen alten Narren, der mich unterhalten möchte, um das Seinige bringen kann; welches von uns beiden sich alsdann am ersten bereichert, soll dem andern helfen. Was hälst du davon? Als eine Neuigkeit muß ich dir sagen, daß ich wieder bey meiner Mutter bin, die eben nicht viel zum Besten hat, und um uns durchzubringen, gehen wir alle Abend in den Königlichen Pallast, und in die Thüllerics. Bisweilen gewinnen wir unsere 17 bis 18 Livres, bisweilen auch weniger, indessen leben wir. Uebrigens hoffe ich, daß dieser Gewerb nicht immer dauren werde, und wir dereinsten etwelche gute Bekanntschaft machen werden, die uns für alle Mühseligkeiten die wir ausstehen,

schadlos

schadlos halten wird. Lebe wohl mein lieber Lamet, sey gedultig; liebe mich immer, und gieb mir Nachricht von dir. Ich umarme dich, und bin zeitlebens deine gute Freundin

Lancon.

XII. Brief.
An Hr. la Garde, Maitre des Requetes. (*)

de la Cour neuve, den 11 Heum. 1764.

Sie wollen durchaus mein Herr, daß ich Ihnen mein Herz entdeke, und Ihnen frey heraus gestehe, ob Sie mir gefallen. Man sagt, das dieses Geständnis schwer von einem Frauenzimmer zu erhalten seye; aber in meinem Alter kennt man die Verstellungskunst nicht.

(*) Pater Angelus Picpus, ward für den Schwager der Mutter, von Mad. Dû Barry gehalten. Im Jahr 1762. las er alle Sonn- und Feyertäge, a la Cour neuve bey der alten Madam la

nicht. Ich will Ihnen also freymüthig sagen, daß ich Sie schätze; und viel Vergnügen in Ihrem Umgang habe; allein ich sehe einen so großen Abstand von Ihnen auf mich, wegen Geburt und Vermögen, daß mir dieses Geständnis schädlich seyn, und in der Folge Thränen kosten könte. Was ist der Endzwek Ihrer Leidenschaft? Eine junge ehrbare und tugendhafte Persohn, zu hintergehen, zu verführen, und sie hernach zu verlassen, und was ist sie alsdann? Der Fingerzeig und die Verachtung, aller die sie kennen. Ach! mein Herr, glauben Sie mir, erstiken Sie eine aufkeimende Leidenschaft bey der Geburt. Haben Sie Achtung für mich und ich werde allzu glük-lich

Garde, Wittwe eines sehr reichen Generalpächters, Meße. Er fand Mittel und Wege seine angebliche Nichte, dieser Dame vorzustellen, die sie als Gesellschaftsmädchen zu ihr nahm. Sie hatte zween Söhne, einer war Maitre des Requetes, und der andere Generalpachter. Mad. Dü Barry, welche beyde ihr den Hof machten,

lich seyn, Ihren Beyfall und Ihre Gewogenheit zu verdienen. Ich werde für alle Gütigkeit die Sie und Ihre Frau Mutter bis auf diese Stunde für mich gehabt haben, den lebhaftesten Dank hegen. Ich bitte mir selbige fortzusetzen, und zu glauben, daß ich mit der grösten Hochachtung seye

Ihre ꝛc.

von Vaubernier.

XIII.

verschmähte weder den einten noch den andern. Sie liebte den Maitre des Requetes; allein der andere war reicher; jedoch konte sie niemals dazu gelangen, sich den eint oder andern eigen zu machen. Diese kleine Intrique, die der Mutter zu Ohren kam, nöthigte sie, Mad. Du Barry wegzuschiken. Der Maitre des Requetes, der das Glük hatte von ihr geliebt zu seyn, hat ihr zwar niemals nichts zu Gute gethan.

XIII. Brief.

An Herrn de la Garde, General-Pachter.

de la Cour neuve, den 30. Heum. 1764.

Tausendfachen Dank, mein Herr, für die zierliche Repetier-Uhr, die man mir übergeben hat, ohne zu sagen, von wem sie herkomme; allein da ich Sie für den freygebigsten Mann von der Welt kenne, so habe ich sie gleich Ihnen zugeschrieben, und ich habe mich sicher nicht betrogen. Niemand als Sie kan so trefliche Geschenke machen; was mich aber kränkt, ist, daß ich nicht darmit prangen kan. Jedermann würde mich drum begrüssen, und Ihre Frau Mutter würde die erste seyn, mich zu fragen, von wem ich sie habe? Ich werde mich dahero begnügen, sie des Nachts oben an mein Bette zu hängen: dort kan ich sie, so lange ich will, schlagen machen, und an Sie denken, ohne von jemanden gestört zu werden.

Es

Es ist ein wahres Vergnügen, seine Gutthäter immer in Gedanken bey sich zu haben. Samstags werden wir uns hier sehen; Sie haben es Ihrer Frau Mutter versprochen, und ich für mich erwarte diesen Augenblik mit Freuden. Ich bin mit Erkenntlichkeit

Ihre ꝛc.
von Vauberier.

XIV. Brief.

An Herrn la Garde, Maitre des Requetes.

de la Cour neuve, den 11. Augstm. 1764.

Sie haben sich vergangenen Montag verstohlner Weise in meine Kammer zu schleichen gewußt, und die Forcht, in der ich sowohl wegen Ihnen als mir war, nahm mir beynahe alles Vermögen, Sie wegzuschiken, oder Lerm zu machen. Ich mußte Sie also in mein Beth aufnehmen. Welche Versprechungen machten Sie mir nicht in jenen Augenbliken! .

Aber

Aber das Blendwerk ist verschwunden; mit Schmerzen sahe ich, daß Sie mich den andern Tag nicht mehr ansahen. Sie machten der Frau Generalpachterin, einer Mutter von vier Kindern, die noch auf eine lächerliche Weise die Verliebte macht, eine sorgfältige Aufwartung. Sie sagten mir, daß es nur deßwegen war, um ihr Spiel nicht zu verrathen. Ach! mein Herr, ich kenne das Ding; Sie zeigten zu viel Lebhaftigkeit, zu heftige Begierde und allzu viel Leidenschaft, als daß Ihr Betragen natürlich gewesen wäre. Sie haben meine Schwachheit mißbraucht, um mich zu verführen und hernach zu verlassen; wenigstens förchte ich es. Wenn es nicht so ist, so ziehen Sie mich aus dem Irthum, und Sie schenken mir das Leben wieder. Morgen erwarte ich durch Lu wig eine Antwort von Ihnen; wenn ich keine kriege, so werde ich nach Paris gehen, blos um Sie zu sehen und Ihnen die derbsten Vorwürfe zu machen. Indessen bin ich

Ihre ꝛc.

von Vaubernier.

XV. Brief.

An Lamet in Londen.

de la Cour neuve, den 12. Augstm. 1764.

So hast du nun, mein lieber Lamet, einen Platz bey einem Lord, mit fünfzig Pfund Sterlings Gehalt. Ich wünsche dir Glük darzu. Siehe zu, daß du daselbst bleibest, bis ich ein besseres Glük habe. Ich bin jetzt bey Madam la Garde Generalpächterin, um ihr Gesellschaft zu leisten. Ich fange an, wie du siehst, in die grosse Welt zu tretten. Sie hat zween Söhne, einer bey Hof, der andere an denen Finanzen: beyde machen mir die Aufwartung. Ich weiß nicht, welcher der freygebigste ist; allein ich weise weder den einten noch den andern ab, sondern will, daß mich einer von ihnen unterhalte. Ich mache ein bisgen die Tugendhafte, um ihnen mehr Vergnügen zu verschaffen. Leb wohl, mein lieber Freund, wenn was Wichtiges vorgeht, so werde ich dir's berichten. Schreib

mir

mir öfters, und glaube, daß ich auf immer deine beste Freundin bin.

Lancon de Vaubernier.

XVI. Brief.
Vom Grafen Dû Barry. (*)

Paris, den 20. Brachm. 1767.

Ich habe schon einige mal, mein schönes Frauenzimmer, mit Ihnen allein gesprochen, um Sie zu bereden, daß Sie zu mir kommen und bey mir bleiben möchten; allein ich habe Ihnen nicht alle die Gründe, die Sie zur Einwilligung bringen sollten, noch alle die Vortheile, die Sie davon ziehen könnten, fühlen lassen

(*) Hier ist in dem Leben der Madam Dû Barry ein ziemlich langer Zwischenraum. Folgendes ist kürzlich, was man zuverläßiges davon weiß:

Sie kam 1765 zu Ende des Jenners, von Madam la Garde weg. Sie blieb bey ihrer Mutter, die damals mit einem gewissen Rancon, dem Ma-

lassen können. Ich will mich also näher heraus lassen. — Sie sollen alsobald die Gebieterin meines Herzens, und als eine solche die Beherrscherin meines Pallasts seyn, in welchem Sie meinen Leuten, die von nun an die Ihrigen seyn werden, zu befehlen haben. Da ich an den vornehmsten Stellen, sowohl bey Hof, als von der Stadt Theil habe, so müssen Sie sich nicht wundern, wenn Sie bey mir, oder vielmehr bey Ihnen, Marquis, Dücs und sogar Prinzen sehen werden, die sich eine Ehre daraus machen werden, Ihnen ihre Aufwartung zu machen. Sie müssen alsdann einen gebieterischen Ton annehmen, vermittelst welchem es Ihnen weder an Roben, noch an Diamanten, noch an allem dem, was Sie mit den Damen vom

dam la Garde einen Plaz als Bedienter an der Maut von Paris verschafte, wieder verheurathet war. Eilf Monat lang lebte sie so ziemlich eingezogen, ausgenommen einer kleinen Intrique, die sie mit einem Perükenmacher in der Bourbon Strasse, dem Nachbar ihrer Mutter, hatte. Ei-

vom ersten Rang in Gleichheit sezen kan, fehlen wird. Ich halte wöchentlich zweymal eine glänzende Gesellschaft bey mir. Sie sollen darinnen den Vorzug haben, die Staatsdame machen, und die Ehrenbezeugungen und Anbetungen aller derer, die sich an Sie wenden, erhalten. Wenn Sie einmal bey mir sind, so will ich Ihnen die Art zeigen, die Sie annehmen müssen, um die Segel nach dem Wind zu richten, dieses ist aber die Sache eines Augenbliks für Sie. Mit Ihren Talenten, und Ihrem Reiz, der Sie umgiebt, müssen sie allen, die Sie sehen, gefallen. Ueberlegen Sie es und willigen Sie ein. Morgen gehe ich zur Marquisin Dü-

quesnoy,

ne gewisse Marquisin Düquesnoy, die an der gleichen Strasse wohnte, gab wöchentlich zweymal Spiel; um mehr Interessenten zu kriegen, nahm sie die junge Lancon zu sich, wordurch die Gesellschaft zahlreicher und lebhafter ward. Sie blieb 18 Monat daselbst, nemlich das ganze Jahr 1766 und die ersten Monat 1767; eine Epoche, in welcher sie zum Grafen Dü Barry gieng.

quesnoy, um eine Antwort von Ihnen zu erhalten. Indessen bin ich mit ohnwandelbarer Ergebenheit

Mein schönes Frauenzimmer

Ihr ꝛc.

Graf Dü Barry.

XVII. Brief.

An Madam Rancon.

den 2. Augstm. 1767.

Mein Schweizer, meine liebe Mamma, sagte Ihnen gestern, daß ich nicht bey Hause wäre. Dieses wäre nicht begegnet, wenn ich gewußt hätte, daß Sie kämen; allein die ehegestrige Gesellschaft dauerte so lange in die Nacht hinein, daß ich gestern später als gewöhnlich aufgestanden bin. Bis jezt kan ich mich meiner neuen Unterkunft nicht genug rühmen: der Graf scheint sehr anhänglich an mich zu seyn. Er schlägt mir nichts ab, sondern bemüht sich, mir mein Verlangen zu erfüllen. Unsere Gesellschaften sind sehr glänzend. Die Art, wormit in denselben aufgenommen werde, die Menge und der hohe Stand der Personen, die ich darinnen sehe, alles läßt mich schliessen, daß, wenn den Grafen die Laune ankommen sollte, sich wiederum mit derjenigen, an deren Stelle ich kam, auszusöhnen, oder wenn auch ein anderer Zufall unsere Eintracht störte, ich mit leichter Mühe, ohne etwas beym Tausch zu verlieren, einen andern Plaz finden könnte. Im übrigen mag ich nichts mit der Zukunft zu thun haben; ich bin des Nachdenkens gleich überdrüßig, da ich [illegible] als vom Genuß des Gegenwärtigen weiß. Leben Sie wohl, meine liebe Mamma, Ueberbringer dieses wird Ihnen sechs Louisd'ors zustellen. Kommen Sie morgen um 11 Uhr zu mir; sagen Sie nicht, daß Sie meine Mutter seyen; fragen Sie mir unter dem Namen der Fräulein Lange, den ich jezt angenommen habe, nach.

Vaubernier Lange.

XVIII.

XVIII. Brief.

An Herrn Radix von St. Foix, Ober-Schatzmeister des Seewesens.

den 6. Christm. 1767.

Mein lieber St. Foix! ich bin in der grösten Verzweiflung. Sie können sich nicht vorstellen, wie weit Dû Barry sein schlechtes Betragen gegen mich treibt. Ich bin's müde länger der Gegenstand seiner Hize, oder wohl gar Brutalität zu seyn. Wenn ich etwelche Ergözlichkeiten bey ihm genossen habe, so waren sie so sehr durch seine Wunderlichkeiten, worvon ich das Opfer bin, verfinstert, daß ich jezt gänzlich entschlossen bin, mich davon loszureissen, und mit ihm zu brechen. Sie sind unter denen vielen Personen, die ich in seinem Haus sahe, einer von denen, den ich am meisten vorgezogen habe; Sie schienen mir so sanft und von einem gefälligen Umgang zu seyn. Wenn alle die schönen Sachen, die Sie mir sagten, und die Vorschläge, die Sie mir thaten, im Ernst gemeynt waren, so hätten Sie jezt eine hübsche Gelegenheit mir's zu zeigen. Aber merken Sie's, ich will die Sache solid eingerichtet haben; ohne dieses soll keine Vertraulichkeit mehr unter uns gelten. Sie wissen, daß mir blos die Wahl wehe thut! aber ich liebe Sie, machen Sie sich's zu Nuze. Wir gewinnen beyde darbey, weil Sie das Vergnugen haben werden, eine Maitresse, die für artig paßiren kan, einzig zu besizen, und ich meines Orts werde die Zufriedenheit geniessen, keine Sclavin meines Tyrannen mehr zu seyn. Leben Sie wohl, und seyn Sie mit Ihrer Antwort so geschwind als mit Ihrer Ueberlegung. Ich bin, wenn Sie wollen, ganz die Ihrige.

Lange.

XIX.

XIX. Brief.

An Madam Nancon.

den 3. Brachmon. 1768.

Sie wissen, meine liebe Mamma, daß ich viele Gegenstände von Kummer und Verdruß habe dulden müssen. Ich hätte niemals geglaubt, daß ein Mann, den man nicht liebt, so viel Gewalt über uns haben könnte, als sich der Graf über mich ausgenommen hat. Indessen sind die Sachen, seitdem ich Sie sahe, so weit gekommen, daß ich entschlossen bin, mich von ihm zu trennen. Ich habe zu dem End jemand geschrieben, der mich zu lieben schien. Dieser, obwohlen geneigt alles dem gegenwärtigen Vergnügen aufzuopfern, stund wegen den Folgen einer förmlichen Einlassung in Besorgniß, und war unschlüßig mich aufzunehmen. Ich war wegen einer andern Wahl in Verlegenheit, als ein so glüklicher als ohnerwarteter Zufall meinen Entschluß verrükte, und das

 Band,

Band, welches mit Dû Barry vereint, enger dann jemals zusammen gezogen hat. Ich habe nicht Zeit, Ihnen eine umständliche Erzehlung darüber zu machen. Ich soll Ihnen nur sagen, daß Herr Le Bel, Kammerdiener des Königs und sein Vertrauter, heute da zu Mittag speisen soll. Der Graf hat ihm von mir gesprochen, und Sie können leicht erachten, was eigentlich der Gegenstand dieser Zusammenkunft seyn mag, und was unsere Entwürfe sind. Indessen daß ich Hrn. Le Bel erwarte, schreibe ich Ihnen. Laßt uns frölich seyn, meine liebe Mamma! Obwohlen noch nichts ausgemacht ist also kan ich mich doch den schmeichelsten Hofnüngen nicht entziehen. Der Graf giebt mich für seine Schwägerin aus, ich habe mich darauf versehen, meine Rolle gut zu spielen. — Aber ich höre den Wagen des Herrn Le Bel; ich verlasse Sie, um ihn zu empfangen. Leben Sie wohl, liebe Mamma.

Vaubernier Lange.

XX. Brief.

An Lamet in Londen.

Compiegne, den 3. Herbstm. 1768.

Nun erhalte ich deinen Brief, mein lieber Lamet! Es ist ein Wunder, daß er mir nach so vielen Veränderungen meiner Lage, noch zugekommen ist. Zum Glük hat man ihn von Madam la Garde, meiner Mutter zugeschickt, und diese hat mir ihn sicher eingehändiget. Du thust mir den Vorschlag, nach Londen zu gehen, allwo du mir Hofnung zu einer glänzenden Bestimmung machst. Allein das Schiksal, das ich von denen Lords hätte erwarten können, wäre gewiß dasjenige nicht werth gewesen, das ich jezt geniesse, und das ich niemals hätte hoffen können. Du hast dir, als wir noch mit einander lebten, nicht wohl einbilden können, daß du eine Frau besizest, die auf dem Sprung ist, eine vornehme Dame und Maitresse Seiner Allerchristlichsten Majestät zu werden. Es dünkt mich, ich sehe dich, indem du dieses liesest, deine grossen Augen aufsperren und sie reiben, um sicher zu seyn, daß du recht wach bist; indessen, mein guter Freund, ist nichts gewissers. Ich habe zum Schein einen diken Grafen Dû Barry g heurathet, und bin jezt zu Compiegne, wo ich das Amt einer Lieblingssultanin in seinem ganzen Umfang ausübe. Ich habe nicht nöthig, dir das Stillschweigen aufzuerlegen; du sollst selbst fühlen, wie wichtig es für dich und mich ist, nicht zu plaudern. Um dich dahin anzuhalten, und für die tausend Thaler, die ich dich kostete, zu entschädigen, wirst du beyliegend einen Wechselbrief von tausend Pfund Sterlings finden. Er ist auf den Ueberbringer gestellt, und du hast nicht nöthig dich zu erkennen zu geben, wenn du den Werth desselben beziehst. Du siehst, daß ich ohnerachtet meiner Grösse gleichwohl eine gute Frau bin. Schreib mir nimmer, bis ich dir die Mittel darzu an die Hand gegeben habe. Ich

zähle

zähle eben so auf deine Bescheidenheit, als du auf meine Freundschaft zählen kanst, und die Begierde, die ich habe, dir Proben davon zu geben.

Gräfin Dü Barry.

XXI. Brief.

Von dem Grafen Dü Barry.

Paris, den 9. Herbstm. 1768.

So sind Sie nun, meine werthe Schwägerin, (*) auf der höchsten Stuffe, nach welcher Sie verlangen konnten; aber um selbige zu behaupten, müssen Sie die gröste Vorsichtigkeit gebrauchen. Mit dem König, wenn Sie einzig um ihn sind, müssen Sie immer munter,

(*) Madam Dü Barry ward den 1. Herbstmonat 1768 in der Gemeinde St. Laurenz an Wilhelm Dü Barry, Bruder des Grafen der sie unterhielt, verheurathet.

Le Bel, der sie dem König vorstellte, sagte ihm, daß sie an einen Mann von Rang verheurathet wäre; allein er hätte nicht geglaubt, daß er im

ter, frölich und scherzend seyn; aber öffentlich nehmen Sie den Ton der Sittsamkeit, der Zurükhaltung, mit einem Wort den Hofton an. Deßwegen müssen Sie nicht stolz seyn, im Gegentheil müssen Sie höflich und leutselig gegen jedermann, besonders aber gegen das Frauenzimmer seyn. Bedenken Sie, daß sie alle Ihr Schiksal beneiden, und daß es keine einzige unter ihnen giebt, die nicht, obschon Sie Ihnen viele Freundschaft bezeugt, Ihr Fall wünsche. Sehen Sie, daß Sie auf

Ernst so anhänglich seyn würde, als er's war. Weil er nun fürchtete, Seine Majestät möchten die Wahrheit von andern erfahren, und seine Ungnade dardurch erfolgen, warf er sich zu seinen Füssen, sagte dem König, daß er zuerst hintergangen worden, und daß Madam Dü Barry weder verheurathet noch von Rang sey. "Desto schlimmer, rief der König aus, man verheurathe sie also schleunig, damit ich nicht im Fall seye, eine Thorheit zu begehen." Nun ward die Heurath in Zeit acht Tagen richtig.

auf alle mögliche Weise den Dúc de Choiseul in Ihr Spiel ziehen. Das ist ein großmächtiger Minister, der mit seinem Herrn macht, was er will. Schreiben Sie mir alle Tage. Um nicht die bestallten Personen zu verdunklen, will ich in Paris bleiben, und nur selten nach Hof gehen. Sie wissen, daß Sie keinen andern Freund als mich haben; mithin geben Sie mir von den kleinsten Umständen, die Sie angehen, Nachricht. Ich bin Ihr Schwager und Freund

Graf Dú Barry.

XXII. Brief.
An Graf Dú Barry.

Den 15. Weinm. 1768.

Mein lieber Schwager! Se. Majestät haben noch immer die gleiche Anhänglichkeit an mich. Er hät es gern, wenn man mir den Hof macht; aber über den Dúc de Choiseul bin ich recht

ungehal-

ungehalten. Er scheint mir einen ausgezeichneten Haß zu haben; die Düchesse seine Schwester (*) ist ausser ihr mich zu sehen: wenn sie mich ansieht, so hat sie die Augen voller Haß und Neid. O! ich glaube nimmer, daß ich diese Frau jemals werde lieben können. Man sagt, daß der Bruder und die Schwester ein Liedgen auf mich machen werden. Muß ich mich

(*) Die Frau Gräfin von Grammont war die intriguanteste Hofdame. Sie war stolz, herrschsüchtig, suchte als Gebieterin zu herrschen, und brachte es so weit, daß sie die Hand über ihren Bruder hatte, mit dem sie machte, was sie wollte. "Diese Düchesse, sagt ein Author selbiger Zeit, war eine ächte Hofdame nach der ganzen Stärke des Ausdrucks; nemlich entschlossen, frech, schamlos, da sie die Sitten, nur für das gemeine Volk eingeführt, ansahe. Obschon sie allbereit vierzig Jahre alt war, glaubte sie noch dem König zu gefallen. Sie machte sich ihren Stand und die Gunst ihres Bruders zu Nutze, und drang sich in die kleinen Zimmergen und dem geheimen Ver-

mich darüber beym König beklagen? Sie wissen besser, was vorgeht. Was soll ich machen? Ich erwarte Ihre Antwort, um nichts ohne Ihren Rath zu unternehmen. Ich bin, mein lieber Schwager, Ihre dankbare Schwägerin und Freundin

Gräfin Dü Barry.

XXIII.

gnügen des Monarchen auf nd Um seinen guten und leichten Karakter, seine Schwachheit für das schöne Geschlecht und seinen Hang zur Wollust zu mißbrauchen, gelang es ihr, sich einige mal in das Bett des Königs wider seinen Willen zu legen. Allein da diese Gemeinschaft nur die Wirkung des Ueberdrangs war, und sie den Monarchen so zu sagen jedesmal darzu nöthigte, ward sie, als Madam Dü Barry auftrat, ganz verstossen. „ Inde iræ.

XXIII. Brief.
Vom Grafen Dû Barry.

Paris, den 16. Weinm. 1768.

Laßt uns, meine liebe Schwägerin, uns mit vieler Klugheit betragen. Da wir die Choiseuls nicht gewinnen können, so laßt uns auch nichts thun, wordurch wir sie uns auf den Hals richten könnten. Wenn, nachdem wir alles angewandt haben ihre Gunst zu erlangen, es uns nicht gelingt, alsdann wollen wir, um sie heimlicher Weise zu Grunde zu richten, gegen ihnen thun, was sie gegen uns thaten; allein wir müssen sehr behutsam seyn, um nichts das Aufsehen macht, zu unternehmen, ehe wir eine Parthey zusammen gebracht haben, die der ihrigen das Gleichgewicht hält.

Ich schike Ihnen zwo Listen, die Sie alle Augenblik zu Rathe ziehen sollen. Aus der einten werden Sie alle Anhänger der Choiseuls kennen; ihre Anzahl ist fürchterlich. Seyn Sie sehr

sehr vorsichtig, und indessen immer höflich gegen ihnen. Geben Sie keinen Einblasungen, die Ihnen von dieser Seite herkommen, und Sie zu Schritten verleiten, die Sie zu Fall bringen könnten, Gehör. Trachten Sie einige von ihren Creaturen mit unter die Deke zu bringen; allein trauen Sie ihnen im Grund nicht ehender, als bis wir recht versichert sind, daß man auf sie zählen kan. Die zwote Verzeichniß enthält die unsichern Personen, oder heimlichen Feinde der Choiseuls. Ihre ganze Aussenseite zeige Ihre Geneigtheit gegen ihnen, und Ihr ganzes Vermögen gehe nur dahin, sich Freunde zu erwerben. Ich kan Ihnen nicht genug wiederholen, daß Sie mir von allem dem, das Sie in Verlegenheit sezen könnte, und worzu Sie Zeit haben meines Raths zu pflegen, Nachricht ertheilen sollen. In sehr dringenden Vorfallenheiten wird Ihnen meine Schwester Anleitung geben.

Ihre Erhöhung kömmt so zu sagen von einem blossen Ohngefehr her; aber bedenken Sie,

daß

daß Sie selbig nicht behaupten können, ohne daß Sie sich blinder Weise dem Plan, den ich Ihnen zu Ihrem Betragen vorzeichne, überlassen, und daß Sie sich der grösten Gefahr aussezen würden, wenn Sie sich nur einen einzigen Augenblik davon entfernten. Sie sollen also wissen, daß ohnerachtet Ihrem Widerwillen gegen die Politik und Intriguen, selbige dennoch Ihre einzigen Stüzen sind. Das was Sie mir von der Auffuhrung der Frau von Grammont gegen Ihnen sagen, befremdet mich gar nicht; niemals hat ein Frauenzimmer derjenigen verziehen, die sie ausgestochen hat. Versichert, daß Sie dem König gefallen, möchte ich wunschen, daß sie ihre Unverschämtheit noch weiter treibe, und ihr herrschsüchtiger Karakter würde sie zweifelsohn zu Ausschweifungen verleiten, die eben so unglüklich für sie als günstig für uns seyn könnten, besonders wenn ihr Bruder schwach genug ist, sich von ihr regieren zu lassen. Wenn Sie Samstags nach Paris kommen, wie Sie

es

es willens waren, so will ich Ihnen mehr sagen, als ich Ihnen geschrieben habe, obwohlen mein Brief schon lang genug ist. Ich bin, meine werthe Schwägerin, Ihr Schwager und Freund

Graf Dü Barry.

N. S. Ich habe vergessen Ihnen zu sagen, daß ich es wußte, ehe man ein Liedgen auf Sie gemacht hat. Es ist ganz klar, daß dieses ein Streich der Choiseul ist. Diesem ohnerachtet sagen Sie dem König nichts darvon, denn Sie könnten, wenn er nichts drum weiß, indem Sie ihm Genugthuung forderten, seine Aufmerksamkeit rege machen, die gefährlich zu befriedigen seyn wird.

XXIV. Brief.
An den Dúc von Coigny.

Paris, den 11. Jenner 1769.

Ich habe Ihr Entschuldigungsschreiben, (*) mein Herr Dúc, erhalten, und verzeihe Ihnen gerne. Ich bin gut, und behalte niemals keinen Groll bey; jedoch lernen Sie gegen artigem

(*) Das, was zu diesem Schreiben Anlaß gab, ist sehr drolligt. Der Dúc von Coigny hatte Madam Dú Barry unter dem Namen der Mademoisell Lange gekannt, als sie noch bey dem Grafen Dú Barry war Er gieng hernach nach Corsika, und kam einige Zeit nach der Heurath der Madam Dú Barry, wieder zurück. Da er nun nicht wußte, daß sie die Maitresse des Königs war, suchte er sie bey dem Grafen Dú Barry. Man sagt ihm, daß sie jezt in der Strasse des petits Champs wohne. Er macht sich eilends dahin. Von ohngefehr war sie gerade in jenem Augenblik dorten. Gleich fängt er sie an zu duzen, will sie küssen, und sie mit einem Wort als ein Frauenzimmer

tigem Frauenzimmer vorsichtiger seyn; Sie verdienen etwelche Achtung. Ich wünsche Ihnen einen guten Tag, und bin durchaus

Ihre 2c.

Gräfin Dú Barry.

das in der Welt mitgemacht hatte, behandlen. Diese, um sich gegen seinen Ueberdrang zu stellen, nahm ein ernsthaftes Gesicht an, und sagte ihm zulezt, daß sie geheurathet sey. „Desto besser, versezt ihr der Dúc wir haben ein Vergnügen mehr, wenn wir einen zum Hanrey machen können.“ Madam Dú Barry, da sie sahe, daß sie mit ihm nicht fertig werden konnte, war genöthigt zu läuten, ihren Leuten zu rufen, und ihnen zu sagen, daß sie den Domestiquen des Dúcs den Wink geben sollen, daß ihr Herr gehen wolle. Dieser über eine solche Aufnahm ganz betretten, gieng zum Grafen Dú Barry, dem ers erzehlte. Dieser sagte ihm, daß sie die Maitresse des Königs seye. Dieses nöthigte den Dúc, der Madam Dú Barry zu schreiben, und ihr seine Entschuldigung zu machen. Wir haben diesen Brief nicht finden

XXV. Brief.

Den 17. April 1769.

Die Parthey der Choiseul, liebe Schwägerin, wird bis und so lange Sie nicht dem Hof vorgestellt werden, die Oberhand haben. Sie müssen diese Gnade durchaus zu erlangen suchen. Die Frau Gräfin von Bearn (*) hat uns versprochen, Sie aufzuführen; ihre kritische Lage macht, daß sie über alle Hindernisse, die sich äussern könnten, weg ist. Wir sehen den Haß und die Eifersucht der Choiseul nur allzu sehr. Sie haben nicht nur den Spöttereyen, durch ohngebührliche Liedgens, die in der Stadt und bey Hof herumgebotten werden,

den,

können. Er befand sich nicht unter den Schriften, derer man sich bemächtigte, als Madam Dû Barry ins Kloster dû pont-aux-Dames verwiesen wurde. Er muß recht sonderbar seyn.

(*) Madam de Bearn war eine Tochter vornehmen Standes, die nicht viel zum Besten hatte, und Wittwe eines von der Leibwache Kammerjunker

den, und worvon sie verstohlner Weise die Urheber sind, aufgeholfen; sondern sind vertrauter dann jemals mit der Königl. Familie, die sie aus allen Kräften wider Sie aufbringen, da sie Sie mit den schwärzesten Farben der Lästerung und Verläumdung schildern. Da sie jezt mehr dann jemals die Huld des Königs geniessen, so können Sie keine andere Parthey ergreifen, als daß Sie sich weinend zu seinen Füssen werfen, Ihn um aller Gewogenheit willen, die Er wohl für Sie haben möchte, zu bitten, Sie nimmer länger denen Schmachreden Ihrer Feinde ausgesezt zu lassen, und die Vorstellung zu erlauben, ja sogar zu befehlen. Lassen Sie alles, was Ihre eigenen Vortheile,

des Perivords war. Sie kam nach Paris, um einen Rechtshandel den sie wider das Haus Salüces hatte, und der für sie ein Gegenstand von 300000 Livres war, fortzusezen. Da sie bis Austrag der Sache eine beträchtliche Summe erhalten hatte, wandte sie das Geld darzu an, um

Vortheile, und Ihre Liebe zum König Ihnen alsdann eingeben kan, mit einfliessen. Dieses lezte Hilfsmittel wird das wirksamste seyn. Trachten Sie diesen Schritt noch vor Ende der Woche zu bewerkstelligen. Thun Sie es mit aller der Wärme, deren Sie fähig sind, um das Herz des Königs zu rühren. Ich wünsche, daß die erste Nachricht, die ich von Hof erhalte, diejenige seye. Ich bin ohnausgesezt Ihr Schwager, und der treuste Freund, den Sie auf der Welt haben.

Graf Dü Barry.

---

sich ihrem Stande gemäß sehen zu lassen, und Credit zu erlangen. Sie war eine Befreundtin der Richelieu und derer von Aiguillon, die ihr zu Gewinnung ihres Rechtshandels verhalfen, und sie hernach vermochten, Madam Dü Barry bey Hof aufzuführen. Das Glük, das ihr dieser Schritt öfnete, machte, daß sie sich über alle Vorurtheile und alle das Lächerliche, das sie sich zuzoge, wegsezte.

XXVI. Brief.

Von dem Grafen Du Barry.

Paris, den 19. April 1769.

Reden, die Sie mit meiner Schwester führten, und die sie mir hinterbrachte, erschreken mich. „Alle dieser Lerm da, sagten Sie, macht „mich überdrüßig: was ist wohl das Schlimm„ste, das mir begegnen kan? Wenn mich der „König aufgiebt, so verlasse ich den Hof, und „mit dem, das er mir geschenkt hat, und der „Pension, die nothwendiger Weise darauf er„folgen muß, habe ich genug, um mich in „der Welt sehen zu lassen, und ein so glüklich „als frölichees Leben zu führen.“ Ach! meine liebe Schwägerin, wie wenig kennen Sie den Hof! Wissen Sie, daß das, was Ihnen begegnen kan, ist, daß Sie auf Zeitlebens ins Kloster gesperrt, mit dem Verbott, daß keine Seele zu Ihnen gelassen werde. Noch eins, würden Sie wohl glüklich seyn, wenn man Sie mit Gift vom Hals schafte? Ich sage

Ihnen weiter nichts mehr; dieses soll Ihnen Forcht einjagen. Verbrennen Sie diesen Brief; ich verweise Sie auf meinen ehegestrigen. Befolgen Sie meinen lezten Rath so schleunig als Sie können.

Graf Dú Barry.

XXVII. Brief.

Vom Grafen Dú Barry.

Paris den 23. April 1769.

Sie sehen nun, meine werthe Schwägerin, wie gut mein Rath war, den ich Ihnen gab, durch die Wirkung, die er that. Nun sind Sie ohnerachtet aller Ränke und Kabalen der Gegnern dem Hof (*) vorgestellt worden. Dieser Auftritt muß, da er die Macht, die Sie auf das Herz des Königs haben, anzeigt, natürlicher Weise unsere Feinde schreken, sie vorsichtiger machen, ihre Zahl vermindern, und diese

(*) Madam Dú Barry ward den 22. April 1769 durch die Frau Gräfin von Bearn vorgestellt.

diejenige unserer Anhänger merklich vermehren. Allein Sie müssen deßwegen nicht weniger auf Ihrer Hut seyn. Behalten Sie immer die genaueste Aufmerksamkeit bey, hüten Sie sich besonders wohl, daß Ihnen mit Ihrer gewöhnlichen Offenherzigkeit keine anstößige Rede oder Spaß entwische, dessen man sich bedienen könne, um Ihnen an der Gesinnung des Königs zu schaden. Wenn Sie etwas Unbesonnenes von der Art gemacht haben, so wählen Sie sich selbsten einen günstigen Augenblik, um es Sr. Majestät mit dem Reiz und dem muntern Wesen, das Ihnen so ganz eigen ist, und wordurch Sie Ihn feßlen, zu hinterbringen. Wenn Sie sich so anschiken, so wird Er über einer Sache lachen, die, wenn sie Ihm von Uebelgesinnten zu Ohren käme, Ihn vielleicht gegen Sie aufbringen könnte. Wenn Sie ihnen also zuvorkommen, so werden iene sich selbst mehr als Ihnen schaden, und nichts als ihre Abgeneigtheit zu erkennen geben. Sie werden meine Anleitung sicher sehr geringfügig

fügig finden; allein öfters können dem Anschein nach gleichgültige Dinge die wichtigsten Folgen haben. Da Sie genöthigt sind, sich nicht nur nach den gegenwärtigen Auftritten, sondern auch nach den zukünftigen zu richten, so ist es möglich, daß Sie unter der Menge von Räthen, die ich Ihnen gab, einen finden, von dem Sie keinen Gebrauch machen können; diesem ohnerachtet wandle ich doch meinen Weg fort, weil es kein Schade ist, Ihnen zu viel zu sagen, grosser hingegen entstehen könnte, wenn ich Ihnen zu wenig sagte. Ihre Lage, das Geräusch das Sie umgiebt, Ihre anerbohrne Flüchtigkeit, können Sie zu Unvorsichtigkeiten verleiten, vor welchen es nöthig ist Sie zu warnen. Hinter dem Umhang versteckt, kan ich besser von den Sachen als Sie selbst urtheilen, und Ihre Erfahrung soll Sie überzeugen, daß ich gute Augen habe. Ich bin, meine liebe Schwägerin, immer

Ihr ꝛc.

Graf Du Barry.

XXVIII.

XXVIII. Brief.
An Madam la Garde. (*)

Versailles den 30. May 1769.

Es ist mir leid, daß ich nicht bey Haus war, Madam, als Sie die Mühe nahmen zu mir zu kommen. Sie haben nicht nöthig, mich um meine Protektion anzusprechen, Sie haben sie schon und können drauf zählen, so wie auf meine Hochachtung. Ich bin ganz die Ihrige.

Gräfin Dü Barry.

(*) Abends vorher erhielt Madam la Garde, bey der Madam Dü Barry im Jahr 1764 war, einen Besuch von ihro mit dem glänzendsten Gepränge, sonder Zweifel um den Stolz und die Eigenliebe dieser Närrin zu demüthigen, und dann auch ein wenig aus Selbsteitelkeit. Madam la Garde gab der Gräfin Dü Barry den Gegenbesuch, und da sie sie nicht antraf, schrieb sie bey ihrem Schweizer, daß sie gekommen seye, um sie um ihre Protektion zu bitten.

XXIX. Brief.

An den Grafen von Stainville.

Den 31. May 1769.

Ich habe, mein Herr, Ihr Schreiben erhalten, und antworte mit so viel grösserm Vergnügen darauf, da ich Ihnen zu gleicher Zeit anzeigen kan, daß Seine Majestät Ihnen die Anwartschaft auf das Gouvernement von Straßburg bewilliget, und daß ich es selbst ausgewirkt habe. Sie sehen dardurch, daß ich weit ent ernt bin Ihnen übel zu wollen. Die Gesinnungen, die Sie gegen mir äussern, sind sehr schmeichelhaft. Wenn der Herr Dúc und Ihre Frau Schwester so dächten wie Sie, so wären wir die besten Freunde von der Welt; aber ich kan weiter nichts als das Meinige beytragen. Ich bin ganz die Ihrige.

Gräfin Dú Barry.

XXX. Brief.

Vom König. (*)

Statt bis morgen zu warten, so kommen Sie diesen Abend, ich habe Ihnen etwas zu sagen, das Sie freuen wird. Guten Tag, glauben Sie mir, daß ich Sie liebe.

Ludwig.

XXXI.

(*) Dieser Brief war ohne Datum; allein er muß vom May 1769 seyn: denn das, was der König Madam Dû Barry sagen wollte, war, daß Er ihr das Schloß von Lucienne zum Geschenk gab, welches diese Dame im Brachmonat gleichen Jahrs inne hatte, weil sie schon daran arbeiten ließ.

XXXI. Brief.
An die Gräfin von Bearn.

Den 2. Heumonat 1769.

Ich kan Ihnen, Madam, für Ihre Gütigkeit, Ihre Gefälligkeit und Ihren Eifer nicht genug danken. Ich dächte, daß ich das alles mißbrauchen würde, wenn ich Ihnen nicht ohngesäumt die Freyheit schenkte, die Sie so sehr lieben, und deren ich Sie um meinetwillen so lange beraubt habe, und es hiesse zulezt doch Ihrer Freundschaft mißbrauchen. Sie sagten mir einige mal von dem Mißvergnügen, das Sie in einem Land empfänden, für welches Sie eher dann ich geschaffen wären, und in welchem wir doch auf eine gewisse Art mit einander den Anfang im Spiel gemacht haben. — Sie haben Geschäfte, die Sie nach Paris rufen: nach der Reise von Marly bitte ich Sie um alles, thun Sie sich keine Gewalt an; gehen Sie geradezu ins Luxemburg, seyn

Sie

Sie darin frey, und überlassen mich dem Geräusche von Versailles; allein seyn Sie versichert, daß ich Sie niemalen daselbst vergessen, sondern Zeitlebens seyn werde, Madame

Ihre etc.

Gräfin Dû Barry.

XXXII. Brief.

An Herrn Kanzler von Maupeou. (*)

Den 6. Heumon. 1769.

Mein Herr Kanzler!

Ich verstehe nichts von Ihren Gesezen. Sie sind ungerecht und grausam. Sie sind wider die Politik, wider die gesunde Vernunft, wider

(*) Man sehe, aus welcher Ursache Madam Dû Barry diesen Brief an Herrn Kanzler schrieb. Ein junges Mädchen von Liancoure in der Picardie ward durch Hinzuthun ihres Seelsosgers, schwanger, und hatte das Unglük, mit einem todten Kind niederzukommen, ohne daß sie vorher die

der die Menschlichkeit, wenn sie ein Mädchen, das ein todtes Kind gebohren hat ohne es anzuzeigen, an den Galgen bringen. Laut inliegendem Memorial befindet sich die Supplikantin in diesem Fall. Es scheint, man habe sie nur deßwegen verurtheilt, weil sie die Gebräuche nicht wußte, oder weil sie aus ganz natürlicher Schamhaftigkeit ihnen nicht nachkam. Ich verweise die Prüfung der Sache an Ihre Gerechtigkeitsliebe; aber diese Unglükliche verdient Nachsicht. Ich ersuche Sie wenigstens um Linderung der Strafe. Ihre Weichherzigkeit wird Ihnen das Uebrige eingeben. Ich habe die Ehre zu seyn rc.

Gräfin Dü Barry.

nach denen Verordnungen vorgeschriebene Anzeige gethan. Sie ward angeklagt, und von dem ersten Richter, nach dem klaren Buchstaben der Geseze, als eine die die Leibesfrucht abgetrieben habe, zum Strang verurtheilt. Dieses Urteil, welches hernach vom Parlement bestätiget wurde, sollte nun vollzogen werden, als Herr von Mandeville, von den schwarzen Musketiers, der diese Sache

XXXIII. Brief.

Von Herrn von Maupeou.

Den 6. Heumon. 1769.

Madam und werthe Baase! (*)

Ich kan Ihnen nicht genug sagen, wie vielen Dank ich Ihnen weiß, daß Sie mir eine Gelegenheit verschaft haben, wo ich Ihnen meine vollkommene Ergebenheit bezeugen kan. Ich werde alle Anlässe, die sich ereignen, mit einem

erzehlen hörte, sich des Mädchens so lebhaft annahm, daß er gleich mit einem Memorial über dieses Geschäft nach Marly, wo der Hof war, eilte, sich zu Madam Dú Barry, die ihm unbekannt war, begab, sie mit solchem Nachdruk bat, Gnade für dieses Mädchen auszuwirken, daß sie ihm zusagte. In der That schrieb sie auf der Stelle diesen Brief an den Herrn Kanzler, und Herr von Mandeville war der Ueberbringer desselben.

(*) Herr von Maupeou, um sich je länger je mehr in die Gunst des Monarchen zu sezen, hatte, als

nem solchen Eifer ergreifen, daß Sie über alle Gesinnungen, worvon ich mir die höchste Ehre mache, sie Ihnen gewidmet zu haben, nicht den mindesten Zweifel hegen sollen. Ich habe über das Geschäft, dessen Sie sich annehmen, einen Aufschub ordonirt, und sobald man mir die Schriften zugestellt hat, werde ich machen, daß die Beklagte die Gnade erhält.

er wahrnahm, daß die Familie der Dù Barry, sich denen Barimore in Engelland, die von sehr hoher Geburt sind und mit denen sich Herr von Maupeou für verwandt ausgab, anflicken wollte, diese Ansprache unterstüzt, und betittelte Madam Dù Barry als seine Baase; welches dem König ein wahres Vergnügen war. Herr von Maupeou trieb diese Schmeicheley bis zur Ausschweifung. Eines Tages, als er zu Madam Dù Barry kam, um ihr seine Aufwartung zu machen, stunden alle Anwesenden, aus Achtung für seinen Staatsrok, auf. „Bleiben Sie sizen, meine Herren, sagte er ihnen, es ist hier nur ein Besuch unter Verwandten."

hält. Es würde sich an die erste Magistratsperson nicht allerdings schiken, Ihren Deklamationen gegen die Geseze, dessen Stelle ihn in die Nothwendigkeit versezt, auf die Ausübung zu dringen, durchaus Beyfall zu geben. Indessen, meine theure Baase, muß ich gestehen, daß sie unendlich mehr Werth haben würden, wenn sie von einem so aufgeklärten und so wohlthätigen Genie, als das Ihrige, diktirt gewesen wären. Sie geben einen sehr glänzenden Beweis, durch die Menschenliebe, die Sie heute zu Tage legen, davon, und ich hätte dieses neuen Zugs Ihrer gefühlvollen Seele nicht bedörfen, um überzeugt zu seyn, daß unser Herr keine rühmlichere Wahl hätte treffen können. Leben Sie wohl, meine verehrungswürdige Baase, erinnern Sie sich immer, daß Ihre kleinsten Wünsche für mich Befehle sind.

Ich bin mit Ehrfurcht ꝛc.

von Maupeou.

XXXIV. Brief.
Von Herrn von Maupeou.

Marly den 8. Heumon. 1769.

Madam und werthe Baase!

Die Beklagte hat Ihre Gnade erhalten. Wie viel bin ich Ihnen nicht schuldig, da ich mir schmeichlen kan, daß ich bey diesem Anlaß von einer wohlthätigen Gottheit begeistert war. Ich bin ꝛc.

von Maupeou.

XXXV. Brief.
An den Grafen Dú Barry.

Den 20. Heumon. 1769.

Ich bin, mein Schwager, mehr dann jemals in Gunsten bey dem König, und so sehr man es seyn kan, bey Hofe. Der Dúc von Richelieu ist auf Leib und Leben mein Frennd.

Der

Der Kanzler, der, wie Sie wissen, mein Vetter geworden ist, macht mir sehr geflissentlich seine Aufwart. Herr von Choiseul hat nimmer so viel sichtbaren Haß. Er begleitete mich gestern auf Triel, welches man mir zu kaufen geben möchte; allein Dúc von Richelieu sagte mir, ich sollte nicht trauen; er mache wider seinen Willen den Gutherzigen. Die Dúchesse von Grammont, fahrt, damit sie mich nicht sehen müsse, in der Welt herum; man will, sie seye wirklich in Holland. Glük zu! ich mag nichts mehr von ihr reden hören. Sind Ihnen die am Montag auf Herrn Beaujon angewiesenen 200,000 Livres eingehändiget worden? Sie melden mir nichts davon. Morgen werde ich in Paris seyn; Sie werden mich in der Oper antreffen.

Ich bin ꝛc.

Gräfin Dú Barry.

XXXVI. Brief.
An die Gräfin von Moyan.

Den 4. Augstmon. 1769.

Ich schike Ihnen einen Expressen, Madam, um Ihnen zu sagen, daß wir für Herrn und Mademoiselle von Louerme (*) Gnade erlangt haben. Seine Majestät haben mir selbige auf die verbindlichste Weise bewilliget. „Es freuet mich, sagte mir der König, daß die erste Gnadenbezeugung, die Sie mir abnöthigen, eine menschenliebende Handlung ist.“ Kommen Sie morgen, Ihren Dank dafür abzustatten, so werden Sie zu gleicher Zeit Zeugen von dem Vergnügen seyn, das ich empfinde, Ihnen gedient zu haben. Ich bin 2c.

Gräfin Dú Barry.

(*) Der Graf und die Gräfin von Louerme, beyde von sehr grosser Herkunft, wurden wegen Aufruhr wider die Justiz zum Tode verurtheilt. Die Gräfin von Moyan war ihre Tochter. Der Kanzler schlug ihnen die Gnade ab; allein aus Politik gestattete er einen Aufschub des Urtheils, um

XXXVII. Brief.
Von der Marquisin von Montmorency.

Den 4. Augstmon. 1769.

Ich habe, meine liebenswürdige Gräfin, einen ganz besondern Gedanken im Kopf. Sie kennen einen gewissen Dûc von Bouteville; (*) er ist nimmer gar jung, und hat zu allen Zeiten ziemlich viel Streiche gemacht; aber jezt ist er nach seiner Meynung entschlossen, gescheidt zu werden. Der erste Beweis, den er mir

seiner Baase die Gelegenheit aufzubehalten, sich auszeichnen zu können.

(*) Der Dûc von Bouteville war aus einem der angesehensten Häusern des Königreichs; allein ein schlechter Kerl, verschämt, voller Schulden, und durchaus in üblem Rufe. Ein solcher Vorschlag abseiten der Madam von Montmorency war sehr politisch, und machte hierdurch der Favoritin auf eine ausnehmende Weise ihre Aufwartung.

mir davon giebt, ist, daß er sich wieder heurathen will. Er hat mich um eine Frau gefragt. Ich mußte über seinen Entschluß lachen; als ich aber sahe, daß es im Ernst gemeynt war, sagte ich Ihm: „Sie müssen ei„ne vernünftige und wizige Frau haben, die „Ihnen als Mentor dient. Ich kenne ei„ne, die ganz für Sie taugt; allein ich weiß „nicht, ob sie Sie mag.“ Er hat mich hierauf sehr ausgefragt, und ich habe die Fräulein Dü Barry, Ihre Schwester und Freundin, genannt. Wenn dieses, meine liebenswürdige Gräfin, eine Ohnbedachtsamkeit ist, so soll das Verlangen, das ich habe, Ihre Befreundtin zu werden, meine Entschuldigung seyn. Reden Sie immer mit Ihrer Fräulein Schwester darüber. Wenn die Sache zu Stand kömmt, so ist es gut, wo nicht, so werde ich nichtsdestoweniger auf Zeitlebens Ihre Freundin seyn.

Marquisin von Montmorency.

XXXVIII.

XXXVIII. Brief.
An die Gräfin von Montmorency.

Den 10. Augstmon. 1769.

Die Verbindung, (*) Madam, die Sie mir vorschlagen, ist für meine Schwester und mich schmeichelhaft. Ich habe mit dem König daraus geredt, der es genehmiget. Sehen Sie, daß Sie die Sachen auf das beste berichtigen, wir lassen alles gänzlich an Sie. Seyn Sie versichert, daß ich eine so schmeichelhafte Verbindung so sehr wünsche, als Sie. Ich umarme Sie, und bin Ihre Freundin.

Gräfin Dü Barry.

(*) Sie fand jedoch nicht statt, denn der Düc von Bouteville begehrte zum voraus die Freyheit des Düc von Olonne seines Sohns, der auf Zeitlebens wegen seiner Geburt eingesperrt war, sonst aber den Tod verwirkt hatte; allein man wollte sie ihm niemals gestatten.

XXXIX. Brief.

An den Dúc von Aiguillon. (*)

Sie sind, mein Herr Dúc, zu sehr mein Freund, als daß ich nicht alle Gelegenheit, Ihnen zu dienen, mit Eifer ergreife. Ich habe nun bey dem König um die Genehmigung des Commando der leichten Reuter, die Sie kaufen möchten, angehalten. „Ja, der „Dúc von Choiseul, sagte Er mir, hat es „für den Vicomte von Choiseul begehrt. — „In diesem Fall, antwortete ich Ihme, „kömmt noch eine Ursache darzu, mir selbi-

„ges

(*) In dieser Sammlung sind zerschiedene Briefe an Madam Dú Barry oder von ihr selbst geschrieben, ohne Datum. Man hat sie so unter ihren Papieren gefunden, ohne daß man gewiß weiß, ob diese Weglassung mit Vorsaz oder aus blosser Nachlässigkeit begangen worden ist. Dem seye wie ihm wolle, wir haben für gut befunden, nichts beyzusezen, sondern sie dem Publikum so wie wir sie gesammelt haben, unter Augen zu legen.

„ges zu bewilligen, denn man muß ihn ein „bisgen wegen seiner Feindseligkeit und Bos„heit, die er gegen mich hat, züchtigen.“ Seine Majestät lächelten, und sagten, daß Sie mir nichts abschlagen könnten. Nun sind Sie zufrieden, und ich auch. Meine Empfehlung an meine gute Freundin, Madam von Aiguillon. Ich wünsche Ihnen einen guten Tag, mein Herr Commandant der leichten Reuter von der Königl. Garde.

Gräfin Dü Barry.

XL. Brief.

Von dem Düc von Richelieu.

Meine verehrungswürdige Gräfin!

Sie können der Ohnverschämtheit des Grafen von Lauraguais nicht geschwind genug abhelfen. Er hat ein Mägden aus der St. Honore Strasse genommen, ihr ein meublirtes Haus gegeben, und nun betitelt er sie öffent-

lich

lich Gräfin dû Tonneau. Sie fühlen den groben Einfall einer solchen Ungereimtheit. Wenn es noch ein paar Tage dauert, so ist ganz Paris voll davon, man muß sie also im Anfang unterdrüken. (*) Der Graf von Lauraguais ist ein Freund des Dûc von Choiseul, nun wissen Sie, von wem d r Streich herkommt. Ich bin, meine anbetungswürdige Gräfin, der gehorsamste Ihrer Diener.

Dûc von Richelieu.

XLI. Brief.

An Madam von Mirepoix.

Versailles den 1. Jenner 1770.

Meine liebe Marschallin! Ich bin diesen Morgen beym König gewesen, um Ihm, wie ich es Ihnen versprochen hatte, die Loges von Nantes

(*) Madam Dû Barry hat sehr über diesen Spaß gelacht, allein die Regierung war desto ernsthafter. Die gute Gräfin dû Tonneau kam in die

Nantes für Sie zu begehren. (*) Sie kriegen sie nicht; und wissen Sie warum? Weil sie Seine Majestät einem recht schlimmen Weib zum Neujahrgeschenk bestimmt haben. Sie werden leicht errathen, daß ich es bin. Se. Majestät wollen durchaus, daß ich sie behalte. Nichts kan schmeichlender für mich seyn, als die freundschaftliche Art, mit der mir der König dieses Geschenk machte: (**) allein noch schmeichlender würde es mir gewesen seyn, wenn Er

Salpetersiederey, und der Graf von Lauragais ist, da er auf der Stelle nach Londen verreißte, einem Stekbrief entgangen.

(*) Die Loges von Nantes ein Gegenstand von ohngefehr 40000 Livres jährlicher Einkünften, gehörten vorher der verstorbenen Dûchesse von Lauraguais, zwar nur lebenslänglich.

(**) Man könnte leicht glauben, Madam Dû Barry hätte dieses Geschenk, statt für Madam Mirepoix zu begehren, für sich selbst begehrt; allein sie gieng gerade zu Werk, und die Art, wormit sie ganz kurz in ihrem Brief Nachricht ertheilt,

Er mir sie für Sie bewilliget hätte, denn ich habe ein grösseres Vergnügen, Gefälligkeit zu erweisen als zu empfangen. Geben Sie mir Gelegenheit, Ihnen einen wichtigern Dienst erweisen zu können, Sie werden sehen, mit welchem Vergnügen ich es thun werde. Ich umarme Sie, meine liebe Marschallin, von ganzem Herzen.

Gräfin Dü Barry.

ist nicht so sehr zu ihrem Vortheil, als was sonsten statt hat. Der König war damals von seinen Höflingen umgeben. Madam Dü Barry kam ganz freudig ins Zimmer getretten, und nach den ersten gewöhnlichen Complimenten sagte sie: „Si„re! ich komme Ihnen mein Neujahrgeschenk zu „begehren, nemlich die Loges von Nantes, für „meine gute Freundin die Madam von Mirepoix. „Das kan nicht seyn, sagt ihr der König, ich „habe darüber verfügt. Wohlan, erwiederte Ma„dam Dü Barry mürrisch, das ist nun die vier„te Gunst, um die ich Sie bitte, und die Sie „mir abschlagen. Der T— — soll mich holen, „wenn ich Sie hinfüro mehr beunruhige! Der

XLII. Brief.

An den Dúc von Villeroi.

Den 1. Hornung 1770.

Ihr Schreiben, mein Herr Dúc, weit entfernt Sie zu enschuldigen, bringt mich wegen Ihrem schlechten Betragen und der Niederträchtigkeit Ihrer Gesinnungen (*) nur desto mehr gegen Sie auf. Ich will Sie weder sehen,

„König verwies ihr, daß dieses das Jahr übel angefangen seye, wenn man murre. Und Sie „noch übler, Sire, sagte Madam Dú Barry. „Machen Sie was Sie wollen, versezte der König, Sie werden mich nicht von meinem Entschluß abbringen. Ich bin froh, daß Sie sich „mit so vieler Wärme für Ihre Freundin verwenden; allein wissen Sie, für wen ich dieses „Geschenk bestimmt habe! Für Sie, Madam.“ Und Er umarmte sie.

(*) Der Dúc von Villeroi war ein erz Libertin. Er war in eine Kammerjungfer der Madam Dú Barry, die Sophie hieß, ausserordentlich verliebt,

sehen, noch etwas von Ihnen hören. Thun Sie keinen Schritt mehr zu mir.

Gräfin Dú Barry.

und nachdem er sie überredt und geschwängert hatte, nahm er sie aus dem Dienst weg, und gab ihr eigene Wirthschaft. Herr von Choiseul, der da wußte, daß er öfters zu Madam Dú Barry gieng, verwies ihm die niederträchtige und sclavische Aufwartung, die er ihro mache. „Sie „irren sich, antwortete ihm der Dúc von Ville-„roi, ich habe niemals keinen Schritt zu dieser „Creatur um ihrentwillen, sondern um Sophie ih-„rer Kammerjungfer willen gethan. Die Probe dar-„über ist, daß ich ihr eigene Wirthschaft gegeben ha-„be, und sie förmlich zu meiner Maitresse mache.“ Madam Dú Barry, d r man diese Antwort hinterbrachte, schikte den Dúc das erste mal, als er zu ihr kam, wieder weg, und verbot ihm, ihr jemals wieder unter die Augen zu kommen. Er hatte noch die Ohnverschämtheit, ihr zuzuschreiben, um sich zu entschuldigen, erhielt aber obige Antwort.

XLIII. Brief.

Von dem Abe Terray, General-Controleur der Finanzen. (*)

Die Freundschaft, mit der Sie mich zu beehren, und alle das Gefällige, das Sie Ihrem Erlauchten Liebhaber von mir zu sagen belieben, machen es mir zur Pflicht, Ihnen meine Erkenntlichkeit auf die überzeugendste Weise darfür zu bezeugen. Ich habe ein Projekt auszuführen, das Sie, wie ich hoffe, nicht übel finden werden. Der König giebt Ihnen eine Pension von 30000 Livres monatlich, welches ohne Widerspruch für den ausserordentlichen Aufwand, den Sie nach Ihrem Stand machen müssen, zu schmal ist. Sie wissen es am besten, weil Sie auf den Hofbanquier abgeben müssen, welches ich in seiner Rechnung für

(*) Starb den 22. Hornung 1778 auf seinem Schloß de la Motte.

für baares Geld annehme. Ich werde Sr. Majestät anrathen, Ihre Pension zu verdoppeln, zu dem Ende werde ich Ihm begreiflich machen, daß dardurch erspart werde, indem alsdann Ihre kleinen Zedelgens und Abgaben, die ich als sehr beträchtlich angeben will, aufgehoben werden könnten. Unter uns beyden sollen sie doch gelten, und ich werde sie dem Hofbanquier gleichwohl in der Rechnung annehmen. Sehen Sie, das ist alles, was ich jezt für Sie thun kan, um Ihnen meinen Eifer und meine Ergebenheit, die ich Ihnen Zeitlebens gewidmet habe, zu bezeugen. (*) Ich bin mit Ehrfurcht, Frau Gräfin 2c.

Terray.

XLIV.

(*) Diese Einrichtung hatte in der That statt, und Madam Dü Barry gab nicht nur immer Anweisungen auf den Hofbanquier ab, sondern auch ihr Schwager that das gleiche wenn er wollte.

XLIV. Brief.

An den Abt Terray.

Sie sind ein verehrungswürdiger, ein fürtreflicher, ein herrlicher Mann, mein lieber Abe. Alles was Sie thun, ist wohl gethan, und kan nicht anderst, als Seiner Majestät und mir angenehm seyn. Ich mache Ihnen schon zum voraus meine Danksagung. Glauben Sie nur, daß ich immer bereit seye, Ihnen alle Dienste zu erweisen, deren ich fähig bin. Ich wünsche Ihnen einen guten Tag.

Gräfin Dü Barry.

XLV. Brief.

Von dem Grafen von Richelieu.

Hüten Sie sich wohl, meine anbetungswürdige Gräfin, den Gedanken auszuführen, den Ihnen der Düc von Noailles in den Kopf gesezt hat, nach dem Gesundbrunnen von Bareges abzugehen, damit sie bey der Ankunft der Madam Dauphine nicht zugegen seyen, unter dem Vorwand, daß Sie bey denen Lustbarkeiten, die nur für sie sind, eine schlechte Figur machen würden, und Ihnen die Prinzeßin Verdruß machen könnte. Der Dûc von Noailles, der Ihnen so gerathen hat, kan nicht Ihr Freund seyn. Er ist ein Miethling des Dûc von Choiseul, der sich Ihre Abwesenheit zu Nuze machen möchte, um Sie aller Macht, die Sie auf den König haben, verlustig zu machen. Sie sind seine Gottheit; verlassen Sie Ihn keinen Augenblik. Da Sie jung und schön sind, so kennen Sie die Gefahren der Abwesenheit nicht. Was würde man alsdann nicht anwenden, um Ihn von einer Liebe abzubringen, die seine ganze Glükseligkeit ausmacht, und die man Ihm in einem ganz andern Gesichtspunkt vorstellen würde? Das Alter schwächt die Begierde, wenn sie nicht immer gereizt wird. Ich sage Ihnen weiter nichts, meine himmlische Gräfin, aber

wissen

wissen Sie, daß Sie alles zu verlieren haben, wenn Sie weggehen.

Ich bin mit Ehrfurcht ꝛc.

Dúc von Richelieu.

XLVI. Brief.

An den Duc von Aiguillon.

Den 30. Augstmont. 1770.

Ich danke Ihnen, mein lieber Dúc, für Ihren Rath. Duc von Richelieu ist auch Ihrer Meynung, und ich habe mich bey der huldreichen Aufnahm, die mir Madam la Dauphine machte, sehr wohl befunden. Was Sie betrift so bin ich gestern, obwohlen ich das Geschäft nicht verstehe, bey Herrn von Maupeou gewesen, um Ihren Rechtshandel im Parlement aufzuheben. Ich habe dem König nach unserer Verabredung gesagt, daß Choiseul Ihre Richter wider Sie aufgewiegelt habe, weil Sie meine Parthey ergreifen. Se. Majestät ist entschlossen, alle Schriften Ihres Rechtshandels zu seinen Handen zu nehmen, da Er Sie gegen alle Beylagen, die Ihnen gemacht worden sind, durchaus als gerechtfertigt ansieht. Nun sollten Sie zufrieden seyn. Ich umarme meine liebe Dúchesse, und wünsche Ihnen einen guten Morgen.

Gräfin Dú Barry.

XLVII. Brief.

An den Dúc von Aiguillon.

Ich glaube nicht, mein lieber Dúc, daß alle vereinten Künste jemals ein vollkommneres und prächtigeres Meisterstük herorgebracht haben, als den zweysizigen Wagen, den ich von Ihnen erhalte. (*) Wenn ich nicht aufhören kan,

(*) Nach dem Anhalten der Madam Dú Barry zog der König selbst alle Schriften des Rechtshandels des Dúc von Aiguillon in sein Lit de Justice vom

kan, alle Talente, die alle Künstler darin gezeigt haben, zu bewundern, wie viele Lobeserhebungen bin ich nicht dem Geschmak desjenigen schuldig, der es so angeordnet hat! Ich werde ein wahres Vergnügen haben, meine Bewunderung mit dem König zu theilen. Indessen da man noch nichts so herrliches von dieser Art gesehen, so besorge ich, Se. Majestät möchten sich meinem Verlangen das ich habe,

30. Herbstmon. 1770 zurük. Dieser ließ aus Erkenntlichkeit einen Wagen machen, in welchem zwo Personen gegen einander über sizen können, (un vis-a-vis) worvon in obigem Brief Erwehnung geschieht, und sandte ihn seiner Wohlthäterin. Nichts war zu selbiger Zeit eleganteres und prächtigers. Ganz Paris gieng hin, ihn aus Neugier zu sehen. Auf denen vier Hauptpanneaux war das Wappen der Dü Barry im Goldgrund mit dem famösen Kriegsgeschrey: Boutez en avant. d. i. Dringt hinein. Auf denen Nebenpanneaux sahe man Körbgen mit Rosen gezie-

habe, mich dieses Wagens zu bedienen, widersezen. Allein es begegne was da wolle, so bitte ich Sie, von meiner Erkenntlichkeit eben so wie von meiner Begierde, Ihnen bey allen Gelegenheiten Proben meiner aufrichtigen Ergebenheit, die ich Ihnen lebenslang gewidmet

ret, auf welchen sich zwey Täubgen wollüstig schnäbelten, nebst einem von Pfeilen durchbohrten Herzgen und Amors Waffen. Dieser Wagen hat den Dúc-von Aiguillon 52000 Livres gekostet. Das Publikum hat sich an dieser so ungereimten Pracht geärgert, und ist hierüber folgendes Epigramm gemacht worden

Pourquoi ce brillant vis-a-vis?
Est ce le char d'une Deesse,
Ou de quelque jeune princesse?
S'écrioit un badaud surpris.
Non . de la foule curieuse
Lui repond un caustique, non;
C'est le char de la blanchisseuse
De cet infame d'Aiguillon.

d. i.

widmet habe, immer versichert zu seyn. Ich bin ꝛc.

Gräfin Dü Barry.

XLVIII. Brief.

Von dem Dük von Noailles.

Frau Gräfin!

Ich habe von Madam la Düchesse von Grammont einen Auftrag an Sie, den ich mit so viel

d. i. „Warum dieses glänzende Vis-a-Vis? Ist es der Wagen einer Göttin, oder irgend einer jungen Prinzeßin? rief ein erstaunter Pariser aus. Nein — rief unter der neugierigen Menge eine beissende Stimme, nein, es ist der Wagen der Wäscherin, (muß aber hier nicht wörtlich, sondern durch die Periphrase: die den ehrlosen Dük von Aiguillon bey dem König wiederum weiß gewaschen oder ehrlich gemacht hat, verstanden werden.)

Madam Dü Barry hat sich auch wirklich dieses Wagens nicht bedient, denn der König, der selbigen allzu prächtig fand, hatte es ihro verbotten.

viel grösserm Vergnügen befolge, da er mir den Vorzug verschaft, mich für einen Augenblik mit der Gottheit zu unterhalten, die die Zierde des Hofes ausmacht. Diese Dame kränkt sich, daß sie nicht bey Ihnen in Gunsten stehen. Sie weiß nicht, wem sie das kaltsinnige Wesen, welches sie zwischen Ihnen und ihro zu herrschen vermeynt, zuschreiben soll. Sie hat vorzüglich viele Hochachtung für Sie, und da sie jez von ihren Reisen zurük ist, so wünscht sie mit grosser Begierde, daß der Friede zwischen Ihnen beyden wieder hergestellt werden möchte. Sie hat mich dahero zu ihrem Mittelmann erwählt. Kan ich mich guten Erfolgs schmeichlen? Ich soll Ihnen nur für mich sagen, daß es ihro leid ist, daß sie Ihnen bey etwelchen Anlässen aus handen gegangen ist; allein ihr Geständniß, und der Schritt, den Sie thut, sollen ihr zur Vergebung dienen, besonders gegen Ihnen Madam, deren Güte sich schon bey so manchem Anlaß ausgezeichnet hat. Ich bitte Sie also, auf ihre

Bitte,

Bitte zu merken, und mich einer kleinen Antwort zu würdigen. Ich bin mit Hochachtung rc.

Düc von Noailles.

XLIX. Brief.
An den Düc von Noailles.

Wie, mein Herr Düc, Madam von Grammont weiß nicht, wie sie sagt, wem sie die Feindschaft, die zwischen ihr und mir herrscht, zuschreiben soll? Ist ihr, ihr beleidigender Stolz, ihre Verachtung und ihre ohnverschämten Reden unbekannt? Weiß sie nichts mehr von den Liedgens, die sie sowohl wider den König, der sie mit Wohlthaten überhäufte, als wider mich gemacht hat? Hat sie alle ihre heimlichen Ränke, alle ihre Intriguen und alle ihre Kabalen, um mich in dem Herzen Sr. Majestät und der Königl. Familie anzuschwärzen, vergessen? Wenn alle diese gehäßigen Umtriebe aus ihrem Andenken verschwunden

den sind, so sind sie noch dem meinigen eingeprägt; aber in Wahrheit nur um sie zu verachten. Indessen behalte ich doch keinen Groll bey: sagen Sie ihr, daß ich Ihrer gern nicht mehr gedenken will, mit dem Beding, daß ich sie niemals wieder sehe. Diesem zufolg erscheine sie nimmer bey Hof, lebe ruhig in Paris, ich verspreche es Ihnen und ihro, daß ich sie keineswegs beunruhigen werde. Ich bin überzeugt, daß wenn sie mich noch zu Grunde richten könnte, sie es thun würde. Großmüthiger als sie, begnüge ich mich, sie zu bitten, mich mit ihrer Gleichgültigkeit zu beehren, gleichwie ich ihr die meinige widme. Ich bin 2c.

Gräfin Du Barry.

L.

L. Brief.

Von Herrn von Maupeou.

Den 5. Christmon. 1770.

Madam und werthe Baase!

Sie haben nicht weniger Einfluß in die Geschäfte des Staats, als wenn Sie das Steuer führten, mithin da unser Interesse gemeinschaftlich ist, so müssen wir sehr einig seyn, und nichts als für das allgemeine Wohl sorgen in welchem wir als gute Köpfe auch das unserige finden. Gestern gaben wir, wie Sie sehr hübsch sagten, dem Parlement einen Filz, indem wir ihm den Zuspruch machten, künftig vorsichtiger zu seyn; allein dieses stolze, herrschsüchtige Korp, dessen Ehrgeiz so weit geht, daß es sich die höchste Gewalt anmassen möchte, ist durch den Dück von Choiseul seinen Beschüzer aufgebracht, sich wider das neue Gesez Seiner Majestät aufzulehnen. Ein Gesez, das jedoch nichts anders, als die

Erneu-

Erneuerung eines alten, welches schon vor mehr als hundert Jahren eingetragen und ausgeübt worden ist. Da der Dúc von Choiseul, unser gemeinschaftlicher Feind, und noch mehr der Ihrige als der meinige ist, so werden Sie, so lange er den Posten beybehält, nicht sicher seyn, und da nun der Zeitpunkt da ist, wo wir ihn auf immer vom Hals schaffen müssen, so laßt uns, uns mit einander vereinigen.

Sie Ihrer Seits müssen dem König beständig zu Ohren liegen, daß Choiseul das Parlement heimlicher Weise aufwiegle, seine Obliegenheiten zu unterlassen, und sich gegen Seine Majestät aufzulehnen. Wenn Sie nun dieses, ohne daß es den Anschein hat, daß Ihnen weiters etwas daran gelegen seye, werden vorgebracht haben, so will ich dem König die stärksten Beweise davon geben; ich werde Ihm gleicher Weise, mit Schriften in der Hand zeigen, daß die Dúchesse von Grammont, unter dem Vorwand einer Lustreise, gesucht habe, die übrigen Parlementer aufzuwieglen, um sie ge-

gen

gen Seine Befehle widerspänstig zu machen. Zulezt wird der Dúc von Aiguillon, und Abe Terray, dem König auf eine geschikte Weise beybringen daß Dúc von Choiseul, um all sein Ansehn beyzubehalten, durch geheime Umtriebe den Krieg zu reizen suche, obschon er sich vorwärts Mühe giebt, den friedlichen Gesinnungen Sr. Majestät beyzustimmen.

Dieses ist mehr als genug, um einen in den Augen unsers Monarchen ehrgeizigen Minister zu stürzen, der ihn nimmer liebt, sondern so zu sagen nur noch aus Gewohnheit an ihm hängt, weil er ihn fürchtet, und als einen nothwendigen Mann ansieht. Dieses ist nun der Weg, den wir einschlagen müssen. Ueber Ihren Scherz in Ansehung des Dúc von Choiseuls (*) bin ich ganz bezaubert: derglei-

chen

(*) Der Scherze waren von Madam Dú Barry auf den Dúc von Choiseul, zween, nur weiß man nicht recht, von welchem Herr von Maupeou hier redt: dem seye zwar wie ihm wolle, hier sind beyde. Eines Tags da Madam Dú Barry

chen lustige Einfälle versezen Hiebe, man muß aber so viel Wiz haben als Sie, um sie so gelegen zu erfinden. Es ist nicht nöthig, Ihnen Verschwiegenheit in unserm Unternehmen zu empfehlen, es ist Ihnen so viel als mir daran gelegen, es geheim zu halten.

Ich bin mit Hochachtung rc.

von Maupeou.

bey dem König war, hielt sie zwo Oranges, die sie in die Höhe warf, und darbey sagte: Springe Choiseul! Springe Praslin!

Ein andermal begegnete ihr einer ihrer Köche, der viele Aehnlichkeit mit dem Dúc von Choiseul zu haben schien, auf der Treppe. „Seyd ihr in „meinem Dienst? sagte sie zu ihm. Ja Madam, antwortete er. „Wohlan, versezte Madam Dú „Barry, ihr habt ein allzu widriges Ansehen, „sagt meinem Hausverwalter, daß ich euch nim„mer sehen wolle, und daß er euch auf der Stelle „wegschike.“ Dieses geschahe. Den gleichen Abend erzehlte Madam Dú Barry dem König, was sich zugetragen, mit dem Beyfügen: „Ich „habe meinen Choiseul weggeschikt, wann wer„den Sie den Ihrigen wegschiken?“

LI. Brief.

An den Dûc von Brilliere.

Den 24. Christm. 1770 um 10 Uhr Morgens.

Mein Herr Dûc! Hier sind zween Befehlsbriefe, (*) die der König unterzeichnet hat, mit dem Auftrag an Sie, selbige auf der Stelle denen Herren von Choiseul und Praslin kund und wissen zu lassen. Verlieren Sie keinen Augenblik. Ich bin rc.

Gräfin Dû Barry.

(*) Hier sind die zween Befehlsbriefe. Der erste ist an den Dûc von Choiseul.

Mein Vetter!

„Daß Mißvergnügen, welches mir ihre Dienste verursachen, nöthiget mich, sie nach Chanteloup zu verweisen, wohin sie sich in 24 Stunden begeben werden. Ich hätte sie viel weiter geschikt, wenn es nicht wegen der Achtung, die ich für die Frau Dûchesse von Choiseul trage, wäre, deren Gesundheit mir interessant ist. Nehmen sie sich in Acht, daß ihre Aufführung mich

LII. Brief.

Von dem Dúc von Aiguillon.

Den 27. Christm. 1770.

Ich habe, Frau Gräfin, allzu viele Beweise Ihrer Güte erhalten, als daß mich die neue Gewogenheit, mit der Sie mich beehren, befremden sollte. Erlauben Sie mir, Ihnen unter Versicherung meiner Erkenntlichkeit, einige Anmerkungen über die gegenwärtigen Umstände zu machen.

Die ausserordentliche Probe, die ich von der Protektion des Königs, in meinem Geschäft

„nicht auf einen andern Entschluß bringe. „Indessen bitte ich Gott, daß er sie in seinen „heiligen Schutz nehme."

Ludwig.

Der zweyte an den Dúc von Praslin:

„Ich brauche ihrer Dienste nimmer, und verweise sie daher nach Praslin, wohin sie sich in „vier und zwanzig Stunden begeben werden."

Ludwig.

schäft erhalten habe, hat mir sehr viele Feinde erwekt, und der Auftritt ist noch allzu neu, als daß es klug gethan wäre, sogleich die Stelle anzunehmen, zu der Sie Se. Majestät mich zu ernennen beredt haben. (*) Ueberdas, Madam, hat das allgemeine Bedauren, worvon das ganze Publikum unsern Feinden in der Stunde ihres Erlimms, Beweise zu geben bemüht war, ihnen eine Art von Triumph gewährt, der nicht anderst als einen unangenehmen Einfluß auf diejenigen haben kan, die an ihre Stelle kommen. Ich glaube also, ohne weitläuftiger zu seyn, daß ich klüger handle, wenn ich noch etwas Zeit hinter dem Umhang bleibe, und einen günstigern Zeitpunkt abwarte, um auf der Bühne aufzutretten. Alle Vorsich-

(*) Hier ist die Rede von einem Minister des Seewesens, welche Stelle Madam Dü Barry für den Düc von Aiguillon vom König erhalten hatte, die er aber aus weitaussehender Staatsklugheit nicht gleich den Augenblik annehmen wollte.

Vorsichtigkeit, die wir nehmen müssen, ist, daß in der Zwischenzeit solche Leute hinkommen, die weder genugsame Selbstbeständigkeit noch hinlängliche Talente haben, welche uns befürchten lassen, daß sie ohne uns fortkommen können. Wenn sich alle Galle der Nation über sie wird ergossen haben, und ihre Ohnerfahrenheit, eine Abänderung erheischt, dann ist es Zeit, daß ich auftrette. Wenn ich so zu sagen zum nothwendigen Manne werde, so wird es mir leichter, Ihnen ächte Beweise von meiner Ergebenheit zu geben. Sie haben, Madam, Wiz genug, um einen Plan auszudenken, und Geschiklichkeit genug, ihn mit mir ausführen zu helfen. Es giebt, Sie wissen es, Anlässe, wo man, wie es im Sprüchwort heißt, zurüktretten muß, um einen stärkern Sprung zu thun.

Ich bin ꝛc.

Dùc von Aiguillon.

LIII. Brief.

An den Abe Terray.

Den 3. Jenner 1771.

Mein lieber Abe! der König ist über die Wahl eines Ministers des Seewesens immer ohnentschlossen. Ich habe Ihm von Ihnen gesagt, und ich meynte, Herr Kanzler, der just zugegen war, würde mich zu Gunsten Ihrer unterstüzen; allein er redte kein Wort darzu. Se. Majestät sagten mir, daß man Ihm verschiedene Personen darzu vorgeschlagen hätte, und daß Sie nicht wüßten, wem Sie den Vorzug geben wollten. Indessen, damit die Geschäfte des Seewesens durch die Ohnentschlossenheit des Königs keinen Anstand leiden, so habe ich Ihm angerathen, Ihnen beyläufig das Patent zuzustellen, welches Sie nemlich nach der Ernennung eines andern Ministers wieder zurükgeben. Seine Majestät haben es genehmiget: und nun sind Sie Minister vom Seewesen, ad interim. Es liegt Ihnen ob, mein lieber Abe, sich an diesem neuen Plaz alle Mühe zu geben, daß man Sie beybehalt. Da das Kriegsministerium nicht für Sie taugte, so ließ ich mirs nicht einmal beygehen, Sie vorzuschlagen. Prinz von Conde hat sich sehr für einen Marquis von Monteynard, den ich eben nicht kennè, verwandt, und der König gab seine Einwilligung. Wir wollen sehen, wie er sich betragt, und ob wir mit ihm zufrieden seyn können. (*) Leben Sie wohl, und glauben Sie, daß ich immer Ihre Freundin bin.

Gräfin Dú Barry.

(*) Da alles nur aus Interesse geschieht, so hatte Prinz von Conde auch das seinige in der Ernennung des Marquis von Monteynard. Er hatte schon lange gewünscht, daß man ihm zu lieb die Stelle eines Generalfeldzeugmeisters von Frankreich, welche ihm jährlich 400000 Livres abgeworfen hätte, wiederum einführte, und dachte, daß weil der Kriegsminister seine Kreatur war, er der erste seyn, der die Wiedererrichtung dieser Stelle für ihn vorschlagen würde; allein Mar-

LIV. Brief.
Von Herrn von Maupeou.

Madam und werthe Baase!

Ich berge Ihnen nicht, daß weit entfernt den König zu bereden, daß er das Patent des Seewesens, dem Abe Terray bewillige, ich selbiges für Herrn Bourgeois von Boynes begehrt habe, und ich bitte Sie, daß wenn Sie Seine Majestät nicht zu Gunsten dieses leztern interessiren wollen, doch wenigstens nimmer zu Gunsten

quis von Monteynard stellte dem König, es seye um seine Einkünfte und sein Ansehen nicht zu schmälern, oder aus wahrer Absicht zum Besten des Staats vor, daß ihm der Zeitpunkt, in welchem der Zuständ seiner Finanzen eine Einschränkung der ausserordentlichen Kriegsunkosten erfoderten, nicht derjenige zu seyn scheine, einen so beträchtlichen Aufwand zu machen, als die Gnadenbezeugung, um welche Prinz von Conde anhalte. Diesem zufolg ward nichts aus der Sache.

Gunsten des Abe Terray anzuhalten. Sie wissen, daß ich ihn zum Generalkontroleur gemacht habe: ich hofte er würde auf meiner Seite seyn und meine Absichten unterstüzen. Er hat mich wohl dessen versichert, allein bey sich selbst beschlossen, nichts zu thun. Weit entfernt mir die nöthigen Sachen anzuschaffen, um die Zerstörung des Parlements und der Choiseul unserer Feinden verriegeln zu können, wollte er nicht einmal die Hindernisse heben, die mir im Weg lagen. Niemand war vertrauter mit denen Geheimnissen der Magistratur, bekannter im Parlement, wußte mehr von dem Karakter, den Gemüthern und den Schlichen seiner alten Mitkollegen, als er. Mit dem allem leistete er mir nicht die geringste Hilfe, stund mir mit keinem einzigen Rath bey, sondern ließ mir die ganze Last meines Unternehmens auf dem Naken. Er hat sich, glauben Sie mir's, gewiß nicht aus irgend einer Absicht zum allgemeinen Besten so betragen. Nicht aus Freundschaft oder Großmuth gegen seine alten Mitkollegen

kollegen ist es geschehen, sondern weil er die gänzliche Ausführung meiner Projekte für ohnmöglich hielt. Er hofte, daß ich unter der Last erliegen würde, wo er alsdann vorsahe, daß er als Chef der Magistratur an meine Stelle kommen, und einen neuen, dem meinigen ganz entgegen gesezten Plan vorlegen könnte. Zum Glük kam mir Herr von Boynes zu Hülfe, theilte mir seine Einsichten mit, unterstüzte mich in der Ausführung meiner Absichten, und leistet mir noch immer die gleichen Dienste. Der König kennt seine Verdienste und seine Talente, und ich denke, daß Er ihn durch die Stelle eines Ministers des Seewesens belohnen werde, um so viel mehr, da Er an ihm einen ohnermüdeten Mann von gesunder Beurtheilung finden wird. (*) Ich bitte Sie dahero,

Madam,

(*) Dieser Herr von Boynes war nicht ehrlicher, als der Kanzler und Abe Terray, sondern nur ein neuer Ränkverständiger, welcher, da er noch nicht so weit gekommen war als die andern zween, um zu steigen, sich dem Kanzler nothwendig machte,

Madam und werthe Baase, meine Arbeit, woraus nichts als Gutes entstehen kan, nicht zu zerrütten. In Ansehung des Abe Terray, muß man nicht gleich auf der Stelle mit ihm abbinden, man muß ihm durch hübsche Versprechungen liebkosen, und ihn so in einer beständigen Abhängigkeit zu unterhalten suchen. Ich erwarte Sie, nach Ihrem Versprechen, morgen aufs Mittagessen, und hoffe, daß Sie sich ohnerachtet unserer Geschäften, wohl unterhalten werden. Ich habe die Ehre zu seyn

von Maupeou.

LV.

und ihm auch redlich diente, wenigstens im ersten Anfall, damit er ins Conseil komme, sich darin festsezen, hernach für sich selbst arbeiten, sich einen Anhang erwerben, und auf Untergang derjenigen, deren Glük er beneidete, empor schwingen möchte.

LV. Brief.

An den Abe Terray.

Sie hälten Unrecht, mein lieber Abe, wenn Sie ungehalten auf mich seyn wollten, weil Herr von Boynes das Seewesen erhalten hat. Sie können versichert seyn, daß ich mich nicht in diese Ernennung gemischt habe, sondern böse bin, daß man Ihnen nicht den Vorzug gegeben hat. Sie müssen sich deswegen nicht so entrüsten, wie Sie es thun, noch Ihre Entlassung antragen, denn Sie wären zuerst gestraft, wenn sie der König annähme. Seine Majestät, als ich Ihn fragte, warum Er bey dieser Stelle nicht an Sie gedacht habe, gab mir zur Antwort, daß Er nur Sie hätte, der den jezigen Zustand Seiner Finanzen kenne, und daß Sie Ihm an diesem Plaz nüzlicher als an einem andern wären. Mithin lassen Sie den Muth nicht sinken, verrichten Sie Ihre Obliegenheit zur allgemeinen Zufriedenheit, lassen Sie dem, der an Ihre Stelle tretten wird, einen gebahnten Weg, so sollen Sie ein wichtigeres Amt bekleiden. Sie wissen, daß die Stelle eines Ministers der auswärtigen Angelegenheiten ledig ist. Der König will sie noch nicht besezen; es ist nicht ohnmöglich, daß man Sie dahin zu bringen denkt.

Ich bin rc.

Gräfin Dü Barry.

LVI. Brief.

An den Baron von Breteuil.

Prinz Ludwig, mein Herr, läßt durch den Prinzen von Soubise um die Gesandtschaft am Wiener Hof anhalten. Der König konnte es nicht abschlagen. Allein da Sie für diese Gesandtschaft (*) bestimmt waren, so habe ich den König

(*) Herr Baron von Breteuil war ein Anhänger des Dúc von Choiseul, und in Ansehung der Negotiationen ein Mann von grossen Verdiensten. Allein man beförchtete, daß er sich bey der Kaiserin

König beredt, Sie zu derjenigen von Neapel, die in der That nicht so beträchtlich, aber doch eben so ansehnlich ist, zu ernennen. Er hat sie Ihnen, da Er Ihre Verdienste kennt, mit Vergnügen bewilliget. Ich bin, mein Herr ꝛc.

Gräfin Dü Barry.

LVII.

Königin einschleichen, und Sie dahin bringen, daß Sie zu Gunsten des Düc von Choiseul nachdrüklich schreiben möchte. Es war der Parthey der Dü Barry daran gelegen, an dem Wiener Hof keine Person zu haben, die ihnen zugethan war. Dieses war die Ursache, warum Prinz Ludwig den Vorzug erhielt, in Beysenn dessen in dem Kabinet zu Wien die Theilung von Pohlen geschah, ohne daß er etwas darum wußte. Dahero auch der König, als er diese Zeitung hörte, ganz verdrießlich sagte: „Wenn Choiseul geblieben wä„re, würde dieses nicht begegnet seyn.“ Allein er verfiel wieder in seine vorige Nachsicht, und vergaß diesen Verlust gar bald.

LVII. Brief.

Von Herrn von Maupeou.

Madam und werthe Baase!

Ich sehe, Sie kennen den Karakter Ihres erlauchten Liebhabers eben so gut, als ich. Er ist zu gut, zu blöde, und der Ernst, den Er gegen seine ungehorsamen Parlementsglieder zeigte, fängt Ihm an allzu hart vorzukommen. Sein eigenes Interesse fodert, daß Er nicht abändere, und das unserige hängt durch eine ganz klare Folge ebenfalls davon ab, denn wir haben uns allzu frey wider dieses Tribunal erklärt, als daß wir nicht alles von der Wiedereinsezung desselben zu beförchten hätten. Man muß also Seiner Maiestät, im Fall Ihn seine Blödigkeit zur Milde verleiten wollte, Forcht einjagen, und Ihn wider seinen Willen dreist machen. Wir können zu dem End nicht Mittels genug brauchen. Es zeigt sich eines, das man nicht aus der Acht lassen muß. Unter den Gemälden, die aus dem Kabinet des verstorbenen

benen Freyherrn von Thiers zu verkaufen sind, befindet sich das Bildniß Karls I. Königs von England, dem sein Parlement den Kopf abschlagen lassen; ziehen Sie es, um welchen Preis es wolle, unter dem Vorwand, daß es ein Familienstük seye, weil die Dû Barry von dem Hause Stuart sind, an sich. Hängen Sie es in Ihr Zimmer neben das Portrait des Königs. Das traurige Ende des Englischen Monarchen wird Seine Majestät schreken, und Sie können Ihm beybringen, daß vielleicht das Parlement zur gleichen Gewaltthätigkeit geschritten wäre, wenn ich ihrem strafbaren Komplot, noch ehe es zu seiner völligen Schwärze und Bosheit gekommen, nicht Einhalt gethan hätte. Eine Forcht von dieser Art, durch Sie, meine werthe Baase, dem König vorgestellt, wird Ihn gegen alle Schritte und Versuchungen unserer Feinde ohnerbittlich machen. (*) Verbrennen Sie diesen Brief; allein vergessen

(*) Madam Dû Barry befolgte in der That den Rath des Herrn von Maupeou. So ungereimt

gessen Sie den Inhalt desselben nicht. Ich bin mit Hochachtung

von Maupeou.

LVIII. Brief. Vom Grafen Dü Barry.

Den 23. May 1771.

Nun bin ich, meine liebe Schwägerin, von meiner Reise zurük, und mit gröster Zufriedenheit sehe ich Sie auf dem höchsten Gipfel. Meine Schwester hat Ihnen die Briefe zugestellt, die ich ihr zu Ihrem Verhalt geschrieben hatte, und Sie sehen, daß Sie sich wohl darbey befunden haben, nicht darvon abgewichen zu seyn. Nun sind Sie von Ihren gefährlichsten Feinden befreyt. Alle Minister sind uns zuge-

und verabscheuungswürdig auch diese Zulage war, so erhizte sie doch im ersten Anfall den König. Die Wetterstralen trafen und zernichteren die Magistratur bis ins Innerste des Königreichs.

zugethan, der Kanzler, Herr von Boynes, Abe Terray, Dúc von Brilliere und der Prinz von Soubise. Aber dieses ist nicht alles, es bleibt noch eine Ministerstelle ledig, und man muß einen hinsezen, der an unserer Kette ist. Unser Freund, Dúc von Aiguillon, liegt uns beständig an, den König zu bewegen, daß Er ihn ernenne; er verdient es in aller Absicht: sein Rechtshandel ist im Publikum vergessen; sechs Monat sind schon seitdem verflossen, so daß er keine Hindernisse mehr gegen sich hat. Er geht nebst dem Dúc von Brilliere von mir weg, und ich habe ihnen versprochen, daß dieses geschehen würde. Betrachten Sie, meine Schwägerin, daß man diesen Gegenstand nicht aus der Acht lassen muß.

Sie haben sich jüngst bey meiner Schwester beklagt, vermuthlich, daß sie mirs wieder sage, daß ich zu viel auf den Hofbanquier abgebe; allein man muß es grösser gemacht haben, als es ist, denn ich habe erst zwo Millionen dreymal hundert tausend Livres empfangen, und wenn ich auch mehreres bezogen hätte, wer könnte sich darüber beklagen? Gewiß nicht der König, denn niemand ist so dreist, Ihm etwas davon zu sagen. Sie sind es auch nicht, denn Sie haben mir Ihr Glük zu verdanken, und müssen dahero die Erste seyn, die es zum Theil auch wieder auf mich zurükbringt. Der Hofbanquier ist es auch nicht, weil man mein Papier in seinen Rechnungen für baares Geld annimmt. Abe Terray, der uns förchtet, und der, wenn Sie und ich das geringste sagten, verstossen würde, ist es auch nicht, und der Kanzler unser Vetter, den wir an seinen Plaz haben, ist es eben so wenig. Niemand kan uns also den mindesten Verweis geben; mithin laßt uns, uns das Glük zu Nuze machen, so lange es uns günstig ist. Ich umarme Sie, und bin

Graf Dù Barry.

LIX.

LIX. Brief.

Von der Prinzessin von Conti.

den 28. May 1771.

Sie sollten, Madam, gar nicht zweifeln, daß es allen Persohnen der Königl. Familie höchst empfindlich fallen muß, die Prinzen von Hof entfehrnt, und in der Ungnade des Königs zu sehen. Diejenigen die um Sie sind, haben Sie verleitet, allen Ihren Kredit zu verwenden, um zu diesem traurigen Auftritt behülflich zu seyn. Ich will denken, Sie haben sich darum darzu gebrauchen lassen, weil man Sie durch den Anschein eines gegenwärtigen Nuzens verblendet hat, und daß Sie die schlimmen Folgen, die daraus entstehen müssen, nicht vorgesehen haben. Die Sachen sind in einer solchen kritischen Laage, daß sie nicht lange so bleiben können. Welchen Ruhm würden Sie sich nicht erwerben, wenn Sie nehmlich Seine Majestät beredten, jene erlauchten Exilirten wieder zu sich zu rufen, zu deren Bestrafung man ihn zwang, da man sie ihme als Ungehorsame gegen seinen Willen schilderte, mittlerweile sie sich dem Umsturz aller Gesetze, wiedersetzend, den stärksten Beweiß, ihrer ohnzerbrüchlichen Anhänglichkeit, an das wahre Interesse des Königs gaben. Wenn die Billigkeit einer solchen Sache nicht hinlänglich ist, Sie zu vermögen, selbige zu vertheidigen, so werden es Ihnen Ihre eigene Vortheile auferlegen. Fürwahr Madam, was würde Ihr Schiksahl seyn, wenn wir den König verlöhren! Wenn Sie auch nicht ein mal die fürchterlichste Katastrophe zu beforchten hätten, könten Sie wohl ohne Schauer, an die Zahl und Größe Ihrer Feinde, die Sie sich machen, denken? Jezt können Sie sich eben so viele Beschützer machen. Es ist Ihnen ein Leichtes sich ein Recht auf ihre Erkenntlichkeit zu erwerben, und sich ihre Achtung, so wie die meinige, durch ein Betragen, daß Ihnen mit der Zeit zur grösten Ehre gereicht, zuzueignen.

Ich bin rc.

Prinzessin von Conti.

LX. Brief.

Von Herrn von Maupeou.

den 1. Brachm. 1771

Noch diesen Morgen, habe ich, meine werthe Baase mit dem Dük von Aiguillon, über das Projekt ihrer Vermählung mit dem König geredt: wir haben die Sache nicht durchaus ohnmöglich gefunden. Sie wissen, daß wir ein Beyspiel einer ähnlichen Heurath zwischen Ludwig XIV. und der Madam von Maintenon haben. Die Umstände sind richtig vortheilhafter für uns, als sie es für diese Dame waren, die keine so grosse Macht auf ihren Liebhaber hatte, als Sie über den König haben. Ueberdas hatte Ludwig XIV. einen sehr stolzen ja sogar rohen Karakter. Derjenige seines Nachfolgers ist im Gegentheil biegsam bis zur Blödigkeit, und sehr leicht zum Nachgeben. Aber nun zum Zwek zu gelangen, ist es sehr nöthig, daß die Zernichtung des Parlements, und die Entfehrnung der

Prinzen, benbehalten werde. Wenn sie wieder begnadigt würden, so können Sie wohl denken, daß die Hofnung, die Sie von den Umständen schöpfen können, alsdann nichts als eine blose Chimäre seyn würde. Es ist also meine schöne Baase nothwendig, daß Sie mich aus allen Kräften unterstützen. Seyn Sie versichert, daß ich meiner Seits nicht müsig bleiben, und daß alle Bemühungen unserer Feinde vergebens seyn werden, so lange wir die unsrigen wider sie vereinen. Sie müssen sich jezt alles Ernsts bemühen, den Düc von Aiguillon, zum Minister der auswärtigen Angelegenheiten zu machen; denn er kan in dieser Qualität ihnen nicht nur die andern Mächte gewinnen, sondern auch noch bey dem Hof zu Rom nachdrüklich, um die Dispensation, die Ihnen so nöthig ist, anhalten.

Ich bin ꝛc.

von Maupeou.

LXI. Brief.
Von dem Düc von Aiguillon.

den 30. Brachm. 1771.

Frau Gräfin!

Sie haben allzu vielen Antheil an meiner Ernennung zum Minister der auswärtigen Angelegenheiten gehabt, als daß Sie an meinem Dank, und dem Verlangen, Ihnen Beweise davon zu geben, zweifeln könten. Ich habe mit dem Päbstl. Nuntius, in Ansehung der Dispensation, die Sie gerne haben möchten schon eine Unterredung gepflogen, und er hat mir versprochen, Ihnen in dieser Sache zu dienen. Um hierüber in eine förmlichen Negoziazion einzutretten, müssen Sie beykommendes Memorial (*) unterschreiben. Ich werde

(*) Hier ist ein Auszug dieses Memorials, welches im ganzen Zusamenhang, allzu weitläuffig wäre: „Madam Dü Barry stellt Sr. Heiligkeit vor, „daß sie ohnerfahren in den kanonischen Vorschrif-

werde es dem Nunzius zustellen, der es auf sich nimmt, selbiges dem h. Vater selbst zu übergeben. Ich meiner Seits will es bey dem Kardinal Bernis dahin bringen, daß er den Erfolg betreibt. Ich bin ꝛc.

Dúc von Aiguillon.

„ten, erst seit ihrer Trauung mit dem Grafen „Wilhelm Dú Barry, gewußt habe, daß es ver„bothen seye den Bruder eines Mannes zu heu„rathen, mit dem man gelebt hat. Sie gesteht „mit allem dem Schmerz einer reuenden Sün„derin, daß sie etwelche Schwachheit für den „Grafen Johannes Dú Barry Bruder ihres Man„nes gehabt habe; daß sie zum Glük noch in Zei„ten, von der Blutschande, die sie begehen wol„len, gewarnet worden seye, und daß ihr als„dann ihr Gewissensaufschluß, nicht zugelassen „habe, mit ihrem neuen Gemahl beyzuwohnen; „mithin das Verbrechen noch nicht begangen wor„den seye. Nun erflehe sie Se. Heiligkeit, sie „von einer solch ärgerlichen Verbindung zu be„freyen.“

Uebrigens war dieses Heurathsprojekt mit dem König, nichts als eine Lokspeise, die der Kanz-

LXII. Brief.

Von Abe Terray.

den 5. Augstm. 1771.

Ich bin von allen denen Freundschaftsbezeugungen, mit denen Sie mich, Frau Gräfin, zu beehren belieben, so sehr durchdrungen, um Ihnen nicht bey der ersten Gelegenheit meine Erkenntlichkeit darfür zu bezeugen. Hier ist eine, die Ihnen nicht anderst als angenehm seyn kan.

Der König hatte dem Grafen von Clermont, der jezt gestorben ist, 300000 Livres Leibrenten festgesezt; folglichen gewinnt der König auf

ein

ler, Dúc von Aiguillon und Abe Terray Madam Dú Barry gaben, damit sie sich immer bey dem Monarchen für sie verwenden, und ihnen alles was sie wollten, von ihm auswirken möchte. Sie kannten die ganze Chimäre dieses Projekts gar wohl, und da eine Sache von solcher Wichtigkeit nicht schnell von statten gehen konte, so war die Aufzögerung alles was sie verlangten.

ein mal 300000 Livres; allein da Sie noch nicht auf Ihren Nuzen bedacht gewesen sind, so ist es billich, daß Ihre Freunde, für Sie daran denken. Ich habe mich deswegen mit Sr. Majestät unterhalten, und ihme vorgestellt, daß Ihre ohneigennüzige Anhänglichkeit an seine Persohn, Sie mit nichts anders als mit den Mitteln beschäftige, ihm zu gefallen, und ihm Ihren Dank, für seine Huld, womit er Sie beehrt, zu bezeugen, mithin es billich seye, daß er Ihnen etwas zugutthue, und Ihnen einen Theil der Renten des Grafen von Clermont zukommen lasse. Dieses könne um so viel ehnder geschehen, da seinen Finanzen nichts benommen würde, auch sein Volk nichts dadurch litte. Der König hat mir für meinen Einfall gedankt, und Ihnen mit dem Drittheil dieser Summe ein Geschenk gemacht. Ich habe das lebhafste Vergnügen, Sie auf der Stelle davon zu benachrichtigen, und Ihnen die Versicherungen der Ehrfurcht mit deren ich bin zu wiederholen ꝛc.

Terray.

LXIII. Brief.

An den Abe Terray.

Den 5. Augstmon. 1771.

Der König hat mir dasjenige, worvon Sie mir Nachricht gegeben haben, diesen Morgen bestätiget. Nehmen Sie meinen Dank und zugleich die Anzeige dafür an, daß ich von den übrigen 200000 Livres Leibrenten des verstorbenen Grafen von Clermont, 50000 Livres für Sie, als eine Erkenntlichkeit Ihrer Dienste, begehrt habe, die Ihnen der König mit der grösten Huld von der Welt bewilliget hat. Sehen Sie, wie ich Ihnen Ihre Handlungen zu vergelten suche. Glauben Sie nur, daß ich Zeitlebens die gleichen Gesinnungen für Sie haben werde.

Gräfin Dü Barry.

LXIV.

LXIV. Brief.

An Herrn von Maupeou.

Den 5. Augstmon. 1771.

Gestern, Herr Kanzler, war ich bey dem König. Abe Terray kam auch, und dankte Sr. Majestät für die 50000 Livres Renten, die Er ihm in Betrachtung meiner, von denen 300 tausend Livres Leibrenten, die Er durch den Tod des Grafen von Clermont gewinnt, bewilliget, und worvon Er auch mich, auf die Vorstellung des Generalkontroleurs, mit einem Drittheil beschenkt hat. Se. Majestät fragten nun, was Sie mit den übrigen 150000 Livres machen sollten? „Sire, antwortete ich Ihm, mein „Vetter der Kanzler verdient wohl eben so viel „als der Abe, Sie kennen die wichtigen Dien„ste, die er Ihnen leistet. Nun ist die Gele„genheit da, ihn darfür zu belohnen. Ja, „Sire, versezte sogleich Abe Tarray, dieses „wäre eine Entschädigung für den beträchtli„chen Verlust, den er sowohl durch Aufhebung

zerschie-

„zerschiedener Stellen, die der seinigen grosse „Benefizien abwarfen, als auch durch den „Nachlaß, den er Ihren neuen Magistratsper„sonen, die Stellen zu erkaufen, erlitten hat.“ Der Abe, der arme Teufel, ist darum nicht so schlimm! Was halten Sie darvon, mein Vetter? Er hält es mit Ihrem Nuzen wie mit dem seinigen. Ich für mich bin ihm gut. (*)

Ich bin ꝛc.

Gräfin Dü Barry.

LXV.

(*) Nach diesen Briefen sollte man glauben, der König hätte die noch übriggebliebenen 100000 Livres für sich behalten. Keineswegs. Graf de la Marche kam zwischen ein, und wollte auch seinen Theil am Braten haben. Er stellte vor, daß er der einziae Prinz vom Geblüt seye, der es mit dem König halte, und die Handlungen des Kanzlers gutgeheissen hatte. Um seinen Eifer zu belohnen, gab man ihm die hundert tausend Livres.

LXV. Brief.
An Herrn von Maupeou.

Mein Herr Kanzler! es ist mir endlich gelungen, ohnerachtet aller dummen Vorstellungen des Marquis von Monteynard, die Einwilligung des Königs für das Regiment zu erhalten, welches Sie für Ihren Sohn verlangten. Ich beeile mich, Ihnen diese Nachricht zu hinterbringen, und wünsche, daß Sie sie mit eben so vielem Vergnügen vernehmen mögen, als ich sie Ihnen melde. Ich bin rc.

Gräfin Dú Barry.

LXVI. Brief.
An Herrn von Sartine, Obersten Polizeyrichter.

Ich kan mich nicht enthalten, Ihnen meine Unzufriedenheit über ein Buch zu äussern, welches seit wenig Tagen zum Vorschein gekommen

men ist, und worvon die Exemplarien nicht so rar sind, als sie es seyn sollten. Es ist Ihnen bekannt, wie weit die Unverschämtheit, auf Unkosten des Königs, seiner Minister, des ganzen Hofs und besonders auf die meinige, in dieser Brochûre, die den Titul, le Gazettier Cuirassè, (*) d. i. der bepanzerte Zeitungs-

(*) Dieses ist eine, von allen Arten Deklamationen, Verleumdungen, Lügen und Anspielungen auf den König und so zu sagen auf ganz Frankreich, zusammengestoppelte Rapsodie. Das was Mad. Dû Barry am meisten geärgert, sind gewisse Stellen, die auf ihre Rechnung durchaus falsch sind, und sie auf alle Weis beschimpfen. Unter andern Ungereimtheiten, giebt man ihr den P. Angelus Picpus zum Vater; man sagt, daß sie dem Marquis von Chabrillant jenes bekannte Uebel angehängt; daß sie 15 Jahr die öffentliche H— zu Paris gemacht habe; daß sie die Jesuiten wieder einsezen, weil ihr diese Nonkonformisten gut seyen; daß sie einen neuen Orden, als den St. Ni laus-Orden (eine Anspielung auf einen Marktschreyer

tungsschreiber, führt, getrieben wird. Ich zweifle keineswegs, daß es Ihnen gelingen werde, wo nicht den Verfasser zu entdeken und nach aller Härte zu bestrafen, doch wenigstens alle Exemplarien seiner schandbaren Arbeit zu unterdrüken. Ich bin ꝛc.

Gräfin Dü Barry.

LXVII. Brief.
Von dem Dúc de la Brilliere.

Nehmen Sie, Madam, ich bitte Sie, meine unterthänige Entschuldigung über den Zufall, der mir gestern bey Ihnen begegnete, an. (*)

Sie

Namens Niklaus, der wegen Kurierung der Franzosen in Paris sehr bekannt war) errichten wolle, und daß, obschon sie niemand als diejenigen, die es wohl mit ihr konnten, darein ernennen würde, so wurde dieser Orden dennoch weit zahlreicher als der St. Ludwigs-Orden werden.

(*) Der König hatte Madam Dú Barry versprochen, daß sie alle Pläze von dem Haus Artois

Sie wissen, daß ich mich der Scene, die mich in die Situation versezte, in der Sie mich sahen, nur deswegen blosstellte, weil ich mich mit allzu grosser Standhaftigkeit widersezte, daß man ohne Ihre Theilnehmung oder Vorwissen keine Gnadenbezeugungen ertheilen sollte.

Seyn

welches man damals errichtete, zu vergeben hätte. Die Marquisin von Mesmes, hatte Madam Sophie ersucht, um einen Plaz für ihren Sohn in diesem Haus anzuhalten. Madam Sophie wandte sich ohnmittelbar an den König. Dieser sagte ihr zu; allein Düc von Vrilliere, aufgebracht, daß diese Gnade ohne sein Zuthun vergeben ward, beschwerte sich bey Madam Dü Barry, und stellte ihr vor, was für Mißbeliebigkeiten entstehen könnten, wenn der König so ohne ihr Vorwissen Stellen vergäbe; er bat sie dahero, mit dem König zu reden, und verschob die Ausfertigung des Brevets an Herrn von Mesmes. Madam Sophie, welche von diesem Pfif Wind hatte, ließ den Düc von Vrilliere zu sich

Seyn Sie versichert, daß das Unangenehme, das ich dabey empfunden habe, meinen Eifer nicht schwächen soll, und daß Sie mich immer bereit finden werden, Ihnen Proben meiner ohnwandelbaren Ergebenheit zu geben.

Ich bin ꝛc.

Dúc von Vrilliere.

kommen, und befahl ihm, das Patent auszufertigen; auch verwies sie ihm bey dieser Gelegenheit das ärgerliche Gewerbe, welches bey Madam von Langeac, seiner Maitresse, mit denen von seinem Ministerium abhangenden Stellen getrieben würde. Der arme Dúc bekam diesen Auspuzer, nachdem er nach seiner Gewohnheit ziemlich wohl zu Mittag gespeißt hatte. Er begab sich hierauf zu Madam Dú Barry, allwo es ihm mitten in der Erzehlung, die er ihr von dem, was vorgieng, machte, übel ward, so daß er die Brocken der Unverlaulichkeit von sich gab. Er war sinnlos, und man mußte ihn in dem ekelhaftesten Zustand nach Hause tragen. Um sich auszuhelfen, schrieb er obigen Brief.

LXVIII. Brief.

Von dem Dûc von Aiguillon.

Es geht mir sehr nahe, daß ich nicht zu Ihnen hinein konnte, wo Sie ohnerachtet der Versicherungen Ihres Schweizers verschlossen waren. Ich war gekommen, um zu versuchen, ob ich Sie über den Verdruß, den Ihnen des Herrn Dauphin Königl. Hoheit verursachten, trösten könnte. Wenn Ihnen etwas Gutes wiederfahren wäre, so hätte ich sicher nicht so geschwind darum gewußt. Dieser mißbeliebige Zufall rechtfertiget dasjenige nur allzu sehr, was ich die Ehre hatte Ihnen zu sagen, als ich wußte, daß Sie sich etwelchen Scherz (*) über diesen Prinzen, dessen Karakter

(*) Madam Dû Barry hatte die Unvorsichtigkeit, sich über die vermeynte Ohnvermögenheit des Dauphins lustig zu machen. Es kam ihm wieder zu Ohren. Ganz aufgebracht, gieng er auf der Stelle zu ihr hin, und gab ihr auf eine derbe Weise

Karakter nicht vertragsam ist, erlaubt hätten. Neue Erinnerungen wären iez aussert der Zeit, weil Sie selbst fühlen werden, wie zurükhaltend Sie in Ihren Reden seyn müssen. Ich glaube, daß ein förmlicher Schritt zu Gutmachung der Sache vergeblich seyn wurde. Sie würden übel aufgenommen werden, und dieses könnte Ihnen leicht eine neue Erniedrigung zuwegen bringen. Halten Sie sich mehr dann jemals

zu verstehen, daß es ihr nicht zukäme, sich auf Unkosten seiner so zu belustigen, und weil damals die Rede von dem Vicomte Dû Barry war, für welchen seine Tante, Mad. Dû Barry, um die Obrist-Stallmeisterstelle anhielt, sagte ihr der Dauphin: „Wenn ihr Neffe diese Stelle bekömmt, „so komme er mir nicht zu Leibe, oder ich schlage „ihm den Stiefel ins Gesicht.“ Mad. Dû Barry war über diesen Auftritt so betretten, daß sie sich den ganzen Tag ins Zimmer verschloß, und niemand vor sich kommen lassen wollte. Dûc von Aiguillon, der sie nun nicht sehen konnte, schrieb ihr hierauf diesen Brief.

jemals daran, die Oberhand über den König zu kriegen Die Huld, wormit Er Sie beehrt, wird wenigstens Ihre Feinde in den Schranken der Achtung halten. Ich bin rc.

Dúc von Aiguillon.

LXIX. Brief.

An den Dúc von Aiguillon.

Ich fange an zu glauben, daß Sie recht hatten, mein Herr Dúc, mir Mißtrauen gegen den Kanzler beyzubringen. Ich habe nun entdekt, daß er ohnerachtet aller seiner Protestationen, die Obrist-Stallmeisterstelle für seinen Sohn zu erhalten suchte, obwohlen er wußte, daß ich mich für den Vicomte Dü Barry darum bewarb. Ich glaube nicht, daß mir der König meine Bitte gewähren werde. Ich versichere Sie zwar, daß ich sie, nach dem, was zwischen dem Dauphin und mir vorgefallen ist, auch nimmer verlange; aber ich bin recht froh, daß ich Gelegenheit gehabt habe, die Treue des Herrn Kanzlers zu prüfen. Ich werde mir sicher Recht zu verschaffen wissen. Noch ein Wort: ich weiß nicht, wer diesen Marigny, der gerade recht kömmt, um unsere Anstalten, ihm seinen Plaz wegzukapern, zu vereitlen, aufgefodert hat. (*)

(*) Marquis von Marigny war Oberaufseher der Königl. Gebäuden. Die Dü Barry, welche diese Stelle, als die natürliche Appanage der Familie, der erklärten Maitresse Sr. Majestät ansahen, hielten schon lange darum an, und diesem zufolg suchten sie den Marquis bey dem König anzuschwärzen, und in Ungnade zu bringen. Allein dieser erhielt von den geheimen Ränken, die wider ihn gespielt wurden, Nachricht, und begab sich nach Hof, um sich gegen das, was ihm zur Last gelegt wurde, zu rechtfertigen. Der König konnte sich nun nicht entschliessen, ihm den Abschied zu geben. Dem seye wie ihm wolle, Abe Terray fand, indem er denen Dü Barry den Hof machte, ein Mittel, diesen Plaz an sich zu ziehen. Man sieht sein Projekt im folgenden Brief.

LXX. Brief.

Von dem Abe Terray.

Den 2. Christm. 1771.

Frau Gräfin!

Sie haben recht, wenn Sie begehren, daß die Stelle eines Oberaufsehers über die Königl. Gebäude Ihrem Herrn Bruder gegeben werde. Allein um darzu zu gelangen, müssen Sie Klägden wider den Marquis von Marigny ausfündig machen, und hier ist nun, was ich entworfen habe.

Es ist schon lange, daß diesem Theil an Geld gebricht; die Umstände berechtigen mich, ohne daß es den Anschein hat, als wäre ich übel gesinnet, es abzuschlagen, folglichen ist selbiger sehr schlecht bestellt, welches dem König sehr mißfällt. Machen Sie sich den Augenblik, wo Seine Majestät eine Arbeit verlangt, die er noch nicht hat, zu Nuze; ich will zurükhaltender dann jemals seyn, und dem Marquis von Marigny kein Geld herge-

 ben.

ben. Bringen Sie hernach dem König bey, daß er wohl thun würde, mir diese Stelle aufzutragen, weil, da die Gelder in meiner Disposition wären, so dürfte ich nicht gleich Auskunft wie mein Vorfahr darüber geben, und könnte alles, was Seine Majestät verlangten, bauen lassen. Wenn der Marquis auf diese Art entsezt ist, werde ich dem König etwas Zeit hernach sagen, daß es mir meine Geschäfte nicht zuliessen, neuen Verrichtungen vorzustehen, und ich will der Erste seyn, Ihme den Vorschlag zu thun, daß er sie dem Grafen Dü Barry auftrage. (*) Dieses ist ein Mittel, welches mir gut zu seyn scheint, und ich rathe Ihnen Gebrauch darvon zu machen. Ich trage es blos deswegen an, um Sie dardurch zu verbinden. Ich bin, Frau Gräfin ꝛc.

Abe Terray.

(*) Dieses Projekt gelange sehr geschwind. Die Gelegenheit darzu ereignete sich an dem Schloß von Bellevüe, welches der König gebaut haben wollte. Marquis von Marigny ward das Opfer nnd Abe Terray erhielt den Posten.

LXXI. Brief.

An den Herrn von Sartine.

den 18. Christm. 1771.

Die erste Pflicht an ihrem Platz, mein Herr, ist, dem Umlauf, der des Königs Ehre verlezenden Pasquillen, Einhalt zu thun. Indessen ist ihre Wachtsamkeit in einem so wichtigen Punkt, immer mangelhaft. Hier ist wiedrum eine ehrvergessene Ode, (*) die, wie man

(*) Diese Ode, hat die zur Zeit vorgegangenen Revoluzionen zum Augenmerk; allein in zwo Strophen redte man sehr schimpflich von der Leidenschaft des Königs für Mad. Dü Barry. Man redet den Monarchen darinnen also an:

Diane, Bacchus, & Cythere
De ta vie abregent le cours:
Renvoye, il en est temps encore,
L'impure qui te deshonore:
Chasse tes indignes amours.

Tu n'est plus qu'un tyran débile,
Qu'un vil automate imbécile,

man sagt, in ganz Paris herumgetragen wird, und worvon man mir eine Abschrift zugestellt hat. Suchen Sie den Verfasser davon auf, hindern Sie, daß diese Ode nicht weiter herumgebotten werde; wo nicht, so werde ich genöthiget seyn, sie Sr. Majestät, vorzulegen, und ihn dahin zu bringen, eine ihm zugethanere, und wachsamere Persohn an ihren Plaz zu sezen.

Gräfin Dú Barry.

Esclave de la Du Barry:
Du Gange jusqu'a la Tamise,
On te honnit, on te méprise.

d. i. Jagd, Wein und Liebe, verkürzen dir deine Tage: Schike die Unzüchtige, die dich entehrt, weil es noch Zeit ist weg: Verbanne deine nichtswürdige Liebe — — — — Du bist weiter nichts als ein entnervter Tyran, eine elende schwache Maschine, ein Sclave der Dú Barry, der vom Gangus bis zur Themse, verachtet und beschimpfet wird.

LXXII. Brief.

An den Dúc von Aiguillon.

den 8. Jenner 1772.

Mein lieber Dúc, suchen Sie meinen Mann zu Gesichte zu kriegen; er ist jezt zu Paris, um dem boßhafter Weise ausgestreuten Gerücht, daß er Tod seye, ein Ende zu machen. Rathen Sie ihm, ich bitte Sie, daß er sich während seinem kurzen Aufenthalt in der Hauptstadt, anständig betrage. (*) Sagen Sie ihm noch darbey, daß, wenn die mindesten Klagen wieder ihn einkämen, man ihn sogleich auf sein Lebetag ins Exilium schiken würde. Ich umarme Sie von Herzen, mein werther Dúc, und bin Ihre Freundin

Gräfin Dü Barry.

(*) Dieser Wilhelm Dü Barry, war ein Vollzapf, ein Schwein, welches sich Tag und Nacht, in der garstigsten Schwelgerey herumwälzte.

LXXIII. Brief.

An den Vorigen.

Ich zweifle nicht, mein lieber Dûc, daß der Kanzler nicht ein arglistiger Mann seye. Er machte mir immer Hofnung, zur Gnade, die ich für Billard (*) begehrte, nicht aus Freundschaft für diesen Unglüklichen, sondern zu Gunsten seines Oheims, den die Strafe seines Nefen beschimpft. Er hat alles angewandt, um den König, gegen mein Anhalten ohnerbittlich zu machen. O! dieses ist ein Mann von dem wir uns losmachen müssen. Ich ergreife Ihr Projekt in Absicht auf dieses.

Ich grüsse Sie mein lieber Dûc und bin ꝛc.

Gräfin Dû Barry.

(*) Herr Billard dû Monceau, Ihr Taufpathe.

LXXIV. Brief.

Von dem Grafen Wilhelm Dü Barry.

Hochzuverehrende Frau Gemahlin!

Ich habe vorgestern die Dummheit begangen, Tausend Stük neue Louisd'or gegen den Marquis von Chabrillant, im Spiel zu verlieren. Ich war bey meinem Bruder um ihm Geld zu fodern; allein er ist so impertinent gewesen, mich zum Henker zu schiken, und mir zu sagen, daß ich mich mit meiner Pension begnügen sollte, mit dem Beyfügen, daß er Schulden genug, ohne die meinigen zu bezahlen, hätte. Ich gestehe, daß dieses recht garstig von ihm ist. Sie wissen, daß Spielschul den, Schulden sind, wobey die Ehre verknüft ist; mithin bitte ich Sie mir diese Summe anzuschaffen, oder ich darf mich nimmer sehen lassen. Ich werde mich in meinem Anliegen, niemals mehr an meinen Bruder wenden, er hat keine Freundschaft für mich, und wirft doch so viel Geld als er will, zum Fenster

ster hinaus. Die Probe davon ist, daß er mit seiner Dame von Mürat, ein Kind der Mademoiselle Beauvoisin (*) über der Taufe hielt. Dieser einzige Bettel, welcher mich nicht zehn Louis d'ors getostet hätte, hat ihn über tausend, die er ebender mir hätte geben können,

(*) Der Uebermuth des Schwagers der Mad. Dü Barry war auf den höchsten Grad gestiegen. Er unterhielt ein Mädgen, welches den erdichteten Namen, von Mürat angenommen hatte. Er verheurathete selbiges an einen Kavalier vom St. Ludwigs-Orden, der zufälliger Weise auch diesen Namen hatte, und gab ihm ein Gehalt von zwey tausend Thaler, um seine Maitresse beyzubehalten, der er noch über das den Tittul einer Marquisin beylegte. Dieser Dü Barry gab dadurch eine abscheuliche Aergernis, und trieb hernach die Ohnverschämtheit so weit, daß er mit seiner Maitresse, das Kind einer berüchtigten H—, Namens Beauvoisin, öffentlich über der Taufe hielt. Der Taufaktus geschah mit gröster Pracht zu Montmartre, nächst Paris. Es war eine Suite

nen, gekostet. Ich verspreche es Ihnen, daß ich nimmer Großspiel spielen, sondern im Gegentheil zu gewinnen trachten werde, um Ihnen nicht mehr beschwerlich zu fallen. Ich habe die Ehre zu seyn

Hochzuverehrende Frau Gemahlin

Ihr 2c.

Graf Wilhelm Dü Barry.

LXXV.

von zwölf Kutschen, und da die Hauptkirche am höchsten Ort steht, so hatte der Pfarrer die Gefälligkeit, in eine kleine Kapelle herunter zu kommen, wo die Feyerlichkeit vollzogen wurde. Der Pathenpfenning und andere Geschenke kosteten den Grafen Dü Barry bey 25000 Livres, welcher noch über das dem jungen Bastard ein Gehalt von 1200 Livres festsezte.

LXXV. Brief.
An den Grafen Wilhelm Dü Barry.

Ich überschike Ihnen hier die tausend Louis-d'or und eben so viel, wieder abzureisen, damit Sie mir keine Schande machen. Ich weiß, daß Ihre Aufführung in Paris die allergarstigste ist, und daß sich jedermann über Sie lustig macht. Wenn Sie länger als 8 Tage bleiben, so sehen Sie zu.

Gräfin Dü Barry.

LXXVI. Brief.
Von dem Abe Terray.

Der Gedanke, Sie als eine zwote Madam von Maintenon zu sehen, ist in der That sehr hübsch; niemand als ich wünschte mehr ihn erfüllt zu sehen. Allein man muß mehr auf das Solide als aufs Glänzende sehen. Wenn sich Ihre Lage veränderte, es seye, daß Sie

bey

bey dem König in Ungnade fielen, oder daß wir ihn verlierten, wo geriethen Sie alsdann hin? Durch Ihren Heurathsvertrag ist das Vermögen zwischen Ihnen und dem Herrn Grafen gemeinschaftlich. Dieser würde als Mann Hand darüber schlagen, und Sie müßten von ihm abhangen, welches Sie in eine ziemlich harte Sclaverey versezen würde. Ich rathe Ihnen also, vor allen Dingen sich gerichtlich mit Leib und Guth von ihm scheiden zu lassen. Durch dieses ist Ihr Vermögen gesichert, und Sie können frey darmit schalten und walten. Ich habe mit dem Duc von Aiguillon in Betreff des Ihnen gegebenen Raths geredt, und er heißt ihn sehr gut. Unterschreiben Sie also die Vollmacht, und verlassen sich wegen der Sorge, dieses Geschäft zu beendigen, auf mich, es kan Ihnen in der Folge an der Verbindung mit dem König nicht hinderlich seyn.

LXXVII. Brief.
Von dem Abe Terray.

Frau Gräfin!

Nichts war mir schmeichlender, als die Ehre, die Sie mir erwiesen, gestern bey mir zu Mittag zu speisen. Aber Madam Damerval (*) war über Ihre huldreiche Aufnahm, wormit Sie sie beehrten, ganz bezaubert. Sie wünscht sehnlich, daß Sie ihr einen freundschaftlichen Plaz anweisen, und ihr erlauben möchten, Ihnen

(*) Madam Damervald ist ein Bastard des Abe Terray und Madam von Clerci seiner ersten Maitresse. Er verheurathete sie im zwölften Jahr an Herrn Damerval, Bruder der Mad. la Garde seiner zwoten Maitresse. Dieser war ein betaater Mann, ohne Vermögen, ohnfähig sich das Ansehen seines Schwiegervaters zu Nutze zu machen, ein Thor, unsäuberlich, bäurisch grob, mit einem Wort, ein abscheulicher Kerl. Er mißfiel seiner Gattin so sehr, daß man glaubt, die Pflichten der Ehe seyen niemals, oder doch nicht so

Ihnen öfters ihre Aufwartung zu machen. Sie hat keinen andern Endzwek, als etwas zu Ihrem Vergnügen beyzutragen. Aber dörfte ich Ihnen unter uns sagen, daß sie Ihnen nüzlich seyn könnte. Das Alter des Königs und seine ohnmäßige Wollust, an die Er schon seit langem gewöhnt ist, machen Ihm die Abänänderung nothwendig. Ihre Reize, Ihre Anmuth können einen ohnbeständigen und abgenuzten Liebhaber nicht binden. Wenn Er durch einen andern Kanal, als den Ihrigen, eine junge und liebenswürdige Person findet, so dörfte

vollzogen worden, um dem Abe Terray einen Weg zu bahnen, den er aus Gewohnheit dem Mühsamen vorzog. Mad. Damerval verließ gar bald ihren Mann, und hieng sich an ihre Schwägerin, die sie nebst ihr bey dem Generalkontroleur versorgte, und welche, da sie überzeugt war, daß es nothwendig seye, dem physischen Ekel ihres Liebhabers vorzubeugen, lieber die Oberaufseherin seines Vergnügens machen wollte.

dörfte sich sein ausschweifendes Gemüth auf etwas Zeit an sie hängen, und man würde sich diesen Augenblik zu Nuze machen, um seine Blödigkeit zu mißbrauchen, und Jhn von Jhnen abwendig zu machen suchen. Sie wissen, daß Jhm jüngst die Prinzeßin von Lamballe (*) sehr in die Augen gestochen hat. Ich rathe Jhnen also als Freund, eine junge Gesellschafterin zu sich zu nehmen, welche die Begierde des Monarchen reizen und sie befriedigen könne.

(*) Der König redte einige mal mit Freundschaft von der Prinzeßin von Lamballe, und erhob eines Tages in Beyseyn der Mad. Dü Barry ihre Reize, die Jhm deswegen Vorwürfe machte, und sich beklagte, daß Er ausgestreut hätte, Er sey willens sich mit dieser Prinzeßin zu vermählen. Der König, der sich durch diese Rede betroffen fand, sagte ihr ganz ungehalten: „Madam! ich „könnte etwas schlimmers thun.“ Madam Dü Barry fühlte den Hieb, und brach in Weinen aus. Der König, dem der Auftritt lange Weile machte, gieng weg.

ne. Er würde Ihnen deswegen nicht weniger zugethan seyn, denn Er müßte Ihnen für das Vergnügen, das Sie Ihm verschaffen, Dank wissen. Wenn Sie sich zu diesem verstehen, so werden Sie sich immer in seinen Gunsten erhalten. Madam von Pompadour begegnete dem ohnstäten Geschmak Seiner Majestät auf gleiche Art. Die junge Damerval taugt fürtreflich zu dieser Rolle. Dieses ist ein Kind, welches weder Geist noch Talente hat, dem König lange zu gefallen, und nach diesem können Sie, wenn's nöthig ist, eine andere anführen. (*) Indessen ist dieses nur in den Wind geredt. Wenn Sie es annehmen, so kan es zu

(*) Die Absicht des Abe Terray war, Mad. Damerval zur Maitresse des Königs zu machen, und Mad. Dû Barry zu hintergehen. Da er aus seiner Politik sein Bastard dem König nicht selbsten vorstellen konnte, so wollte er, daß die Gräfin die Kupplerin seyn möchte. Allein sein Projekt scheiterte, und wenn der König je von diesem Le-

zu Ihrem Vortheil gereichen, einzig in dieser Absicht melde ich es Ihnen. Sie können eben so wenig daran zweiflen, als an der Hochachtungsvollen Ergebenheit, mit welcher ich bin ꝛc.

Terray.

LXXVIII. Brief.
Von Michael Oulif, ein Jud.

Den 7. May 1771.

Frau Gräfin!

Man sagt mir, daß ein Stekbrief wider mich ausgegangen seye, um mich wegen denen 66 tausend Livres, die Sie zulezt unterschrieben haben, gefänglich einzuziehen. Ich bitte Sie, Madam, mich nicht unglüklich zu machen. Sie wissen doch, daß ich Ihnen nicht unrecht gethan habe. Sie waren mir noch 60000 Livres

altes,

kerbissen gekostet hat, so war's nur im Vorbeygehen; denn Er behielt immer die gleiche Anhänglichkeit an seine Favoritin.

altes, welches nebst denen 6000 Livres vom lezten Kauf die 66000 Livres des Billets ausmachen. Da ich die Ehre hatte Ihnen zu sagen, daß ich mein Geld höchst nothwendig brauche, so haben Sie mir befohlen, den Zedel aufzusezen, den Sie die Gewogenheit gehabt haben zu unterschreiben. Es ist wahr, Sie glaubten nur für 6000 Livres zu unterschreiben, und ich habe nicht recht gethan, daß ich Ihnen nicht gesagt habe, daß die 60000 Livres mit inbegriffen seyen. Indessen bin ich doch nicht strafbar. Ich glaubte im Gegentheil, Ihnen etwas zu gute zu thun, wenn ich Sie, ohne daß Sie's merkten, von einer Schuld befreyte, die sonst immer auf Ihnen geblieben wäre; mithin hoffe ich von Ihrer Gnade, daß wenn Befehl wider mich ergangen ist, daß Sie selbigen werden zurük nehmen lassen. Ich werde den Himmel ohnaufhörlich um die Erhaltung Ihrer theuren Tage bitten. Ich bin mit der tiefsten Ehrfurcht, Frau Gräfin,

Ihr 2c.

Michael Oulif.

LXXIX. Brief.
An Michael Oulif.

Den 7. May 1772.

Nein mein guter Oulif sey ruhig; weit entfernt, daß nur einmal die Rede gewesen sey, dich einzusperren, habe ich im Gegentheil dem König deinen mir gespielten Possen (*) erzehlt, welcher sich lustig darüber gemacht hat. Mithin sey gutes Muths.

Gräfin Dü Barry.

(*) Madam Dü Barry hatte diesen Streich durch den Hofbanquier Herrn Beaujon, auf welchen das Biller der 66000 Livres gestellt war, und das er einlösste, erfahren. Dieser sagte ihr ganz troken, daß ihre Billets häufig einliefen; allein da sie in der Beglaubigung stund, daß das lezte nur 6000 Livres seye, so hielt sie dieses für eine Kleinigkeit, einen Bettel. Doch der dumme Banquier behauptet, daß 66000 Livres keine Kleinigkeit seye. Man giebt Auskunft darüber. Mad. Dü Barry lacht und erzehlt's dem König.

LXXX. Brief.
An Herrn Montvallier, ihren Sachwalter.

Gehen Sie, mein Herr, zum Notarius Pot. Dieser ohnverschämte Kerl hat den Tag, als er zu mir kam, um ein Kontrakt von mir unterschreiben zu lassen, den Nuntius und den guten Kardinal de la Roche-Aymond gesehen, wie mir jeder beym Aufstehen aus dem Bett, einen Pantoffel darreichte. Man sagt mir, daß er in ganz Paris darüber spotte. Verdeuten Sie ihm, daß wenn ich noch etwas von ihm höre, ich ihm das Maul stopfen und nach Verdienen zu züchtigen wissen werde. Geht's mit meiner Absönderung (*) brav von statten?

Gehen

(*) Der Beweggrund, worauf man diese Absönderung stüzte, war sehr lächerlich. Man weiß, daß man in einem solchen Fall Beweisthümer haben muß, daß der Mann sein Weib mißhandelt habe: da dieser Umstand hier nicht statt finden konnte, so mußte man eine Beschwerde ausfündig ma-

Gehen Sie darüber mit dem Abe Terray und mit dem Prokurator, den er mir gegeben hat, zu Rath. Beendigen Sie diese Sache so viel immer möglich. Ich bin ganz die Ihrige.

Gräfin Dü Barry.

LXXXI. Brief.
Von Herrn Montvallier.

Frau Gräfin!

Ihre Separation ist geschehen. Sie können jez in Ihrem Namen kaufen was Sie wollen, ohne die geringste Gefahr zu laufen. Das Marquisat von Genlis in der Picardie ist zu verkaufen. Dieses ist ein herrliches Stük Land, ich rathe Ihnen, darauf zu denken; wenn Sie wollen,

chen. Man sagte dem Grafen Wilhelm Dü Barry, die Gräfin in Beysein einiger Personen als eine Ehrvergessene zu behandlen. Diese sagten nun die Sache als Zeugen aus, und dieses war genug zur Separation.

wollen, so will ich einen Augenschein davon einnehmen, und Ihnen einen aufrichtigen Bericht darüber abstatten. Jezt haben Sie kein Geld, allein es giebt ein Mittel, daß Sie sich verschaffen können. Bitten Sie den König, daß er Ihnen das Kapital der hundert tausend Livres Leibrenten, die Sie auf die Stadt haben, wieder eingehen mache, so haben Sie gleich eine Million gefunden. Wenn Ihnen hernach die Besizung nicht taugt, so werden sich andere eben so prächtige zeigen. Morgen werde ich Ihre Befehle holen. Ich bin mit tiefer Hochachtung, Frau Gräfin ꝛc.

Montvallier.

LXXXII. Brief.
Von dem Abe Terray.

Nachdem mir der König seine Gesinnungen zu wissen gethan hat, so habe ich, Madam, dem Herrn Certain Ihrem Rentmeister in der

Stadt,

Stadt, für die Rükgabe Ihrer 100000 Livres Leibrenten, Befehl ertheilt. Es war sogar ein Gerichtszwang wider ihn, und eine Anzeige auf den Einschreibbüchern nöthig, vermittelst welcher die Abschreibung derselben geschehen konnte. Nun kan heute Ihr Sachwalter Ihre Million beziehen; allein da Sie meine Begierde, Ihnen bey allen Gelegenheiten nüzlich zu seyn, kennen, so will ich die Sachen so einrichten, daß Sie ohnerachtet der Rükgabe, die hundert tausend Livres Leibrenten dennoch beybehalten sollen. Zweifeln Sie am Erfolg eben so wenig, als an der vollkommenen Ergebenheit, mit der ich bin ꝛc.

Terray.

LXXXIII. Brief.
An Herrn von Montvallier.

Wir wollen sehen, daß wir mit der Zeit einige Landsize kaufen können. Das was mir jezt am angelegensten ist, ist, daß ich jez mein

Gebäude

Gebäude von Lucienne geendigt sehen möchte. Sehen Sie nach Malern, Bildhauern, und allen Arbeitern, die es meublieren und auszieren sollen, um, und treiben Sie sie, daß sie es fertig machen, und berichtigen Sie die Rechnungen durch den Herrn Dour, dem Sie hundert tausend Livres, als den unter uns bedungenen Preis für seine Arbeit, zustellen. Ich wünsche Ihnen einen guten Tag.

Gräfin Dů Barry.

LXXXIV. Brief.

An den Grafen Wilhelm Dů Barry.

Sie sind mit Ihren beständigen Forderungen ganz ohnerträglich. Nichtsdestoweniger will Ihnen der König, um mich von Ihrem Ueberdrang zu befreyen, 60000 Livres Renten im Herzogthum Roquelaure anweisen, mit dem Beding, daß Sie keinen Fuß mehr nach Paris sezen, und man nichts mehr von Ihnen

reden

reden höre. Abe Terray wird Ihnen diesem zufolg den Aufsaz dieser Gratification zustellen.

Gräfin Dû Barry.

LXXXV. Brief.

Von dem Abe Terray.

Bey Erneuerung der Pulver-Verpachtung habe ich ein Trinkgeld von 300000 Livres begehrt. Es war für Sie bestimmt. Wenn ich Ihnen nicht sogleich Nachricht gegeben habe, so ist es nur um deswillen geschehen, weil ich mir das Vergnügen vorbehalten habe, Ihnen diese Summe an Gold selbst zu überbringen. Man versichert mich, daß die Pulver-Pächter dieses Trinkgeld als eine Erpressung ansehen, und daß der Kanzler, an den sie sich gewandt haben, ihre Klagen an den König bringen soll, wenn es nicht schon geschehen ist. Wenn Se. Majestät mit Ihnen darüber redt, so darf ich hoffen, daß Sie mich bey dem König wohl rechtfer-

rechtfertigen werden. Er wird bey diesem Anlaß sehen, daß ich kein Mittel verabsäume, wo ich seine Huld über Sie bringen kan, ohne daß es den Staat das mindeste koste. Ich bin mit denen Hochachtungsvollen Gesinnungen, mit denen Sie mich kennen, Madam rc.

Terray.

LXXXVI. Brief.

An den Abe Terray.

Sie hatten recht mein Herr Abe, wenn Sie dachten, daß Sie der Kanzler in dem Herzen des Königs anzuschwärzen trachten würde; hat er nicht die Ohnverschämtheit gehabt, zu sagen, Sie hatten das Trinkgeld von der Pulver-Verpachtung für sich behalten wollen? Unter uns, es könnte wohl seyn, denn das was er angibt, kömmt vollkommen mit demjenigen überein, was ich von Persohnen, die um die Sache wissen, erfahren habe. Dem seye wie ihm wolle, Ihr Betragen ist allzu höflich,

als

als daß ich die Sachen genau untersuche. Ich habe Ihnen nun als Freundin gedient, denn als mir Se. Majestät Ihre Unzufriedenheit bezeugten, habe ich angefangen zu lachen, und Ihm gesagt, daß alle wider Sie geführten Reden nichts als Verleumdungen und Boßheit seyen. Zum Beweiß dessen habe ich Ihm Ihren Brief gewiesen, und Ihn dadurch überzeugt, daß Sie ein Mann voller Hilfsmitteln wären.

LXXXVII. Brief.

An den Grafen Dü Barry.

Ich sage Ihnen Herr Graf, daß wenn Sie im Fall gewesen sind mir Lehren zu geben, so ist es jezt an Ihnen von mir anzunehmen. Sie nehmen eine Art an, die Ihnen gar nicht zusteht. Alles in Paris murrt über Sie, und ich bin genöthiget, zu gestehen, daß man nicht unrecht hat Erstlich machen Sie sich groß, daß Sie seitdem ich am Hof seye, schon auf

Ihre

Ihre fünfte Million gekommen wären. Zweytens haben Sie die Thorheit begangen, Ihre Maitresse an einen Kavalier von St. Ludwigs Orden zu verheurathen, um Ihr einen Tittul zu geben, und sie bleibt doch im Publicum, vor welchem Sie Parade mit Ihr machen, hinten und vornen die gleiche. Drittens haben Sie im Hotel der Pächter ein abscheulichen Lerm angefangen, um einen Ihrer Anhänger eine Direktor Stelle zu verschaffen. Die General-Pächter haben sich bey mir, nicht nur über diesen Lerm, sondern auch über dasjenige, dessen Sie sich in ganz Paris (*) laut brüsten, beklagt. Ich rathe Ihnen also, um alle diese nachtheiligen Gerüchte zu erstiken, auf

(*) Graf Dů Barry war bey der Pachtkammer um für seinen Freund Herrn Desanit die Direkzion von Paris, die durch die Beförderung des Herrn de la Periere, zum General-Pachter ledig war, zu begehren. Die Kammer stellte ihm vor, daß er zu späth käme, indem diese Stelle bereits an

auf ein paar Monat nach dem Marquisat de l'Isle, welches ich für Sie von dem König erhalten habe, abzugehen. Lernen Sie Ihre Zunge sieben Mal im Mund umwenden, ehe Sie reden. Geben Sie zum Vorwand Ihrer Reise an, daß Sie diese Herrschaft wollen kennen lernen; sie verdient auch in der That, daß Sie sie sehen, indem sie wie man mich versichert über hunderttausend Livres werth ist. Nach etwas Zeit kommen Sie wieder zurük.

Ich

Herrn Chomel vergeben worden seye, und daß es ohnmöglich wäre, einen installirten Mann abzusezen, oder ihm einen niedrigen Plaz anzuweisen. Der Graf drang darauf an, und sagte: daß wenn es nur um eine geringe Sache zu thun gewesen wäre, so hätte er die Mühe nicht genommen zu diesen Herren zu kommen. Man machte ihm neue Schwierigkeiten, und er fieng an in noch höherm Ton zu sprechen, und fragte ganz trozig, ob man nicht wüßte, daß er die Ehre gehabt habe, dem König eine Maitresse zu geben; daß er es seye, der den Duc von Aiguillon zum Minister der auswärtigen Augelegenhei-

Ich hoffe man werde alsdenn Ihre Ohnbesonnenheit vergessen haben. Denken Sie, daß ich Ihnen diesen Rath als Freundin gebe, und um zu verhüten, daß der König wenn Er Ihre Aufführung erfährt, sich nicht seines Gewalts bediene um Sie zu entfehrnen.

Ich bin immer mit der gleichen Anhänglichkeit 2c.

Gräfin Dù Barry.

---

ten, und den Herrn von Boynes zum Minister des Seewesens gemacht habe, und den Herrn Kanzler an seinem Platz erhalte 2c. 2c. ? Er fügte noch hinzu, man möchte sich also wohl vorsehen, und ihn nicht ungehalten machen. Diese ganz ohnerhörten Reden, brachten die General-Pachter ganz aus der Fassung, und sie thaten was er wollte.

LXXXVIII. Brief.
An den Abe Terray.

Nun ist es beynahe ein Jahr, Herr Abe, daß Sie an dem Plaz eines Oberaufsehers der Gebäude sizen, und es dünkt mich, Sie denken nicht daran die Bedingnisse zu erfüllen, die wir, ehe ich den König bewog Ihnen diese Stelle zu bewilligen mit einander machten. Die Art, mit der ich bis jezt gegen Sie gehandelt habe, scheint mir nicht, daß sie verdient habe, mich ins Nez zu loken. Ich habe einen Abscheu, Sie dessen fähig zu glauben, und Sie verpflichten mich, wenn Sie mich je ehender je lieber in meinem Begriff, den ich von Ihrer Redlichkeit haben soll, befestigen. Im übrigen gestehe ich Ihnen, mein Herr, daß, je mehr ich in meinen Sachen gerade zu Werk gehe, desto weniger bin ich geneigt zuzugeben, daß man mich hintergehe.

Gräfin Dù Barry.

LXXXIX. Brief.
Von Abe Terray.

Frau Gräfin!

Ich werde Ihnen niemals Anlaß geben, daß Sie mit Recht an meiner Redlichkeit zweiflen können. Sie wissen, daß ich immer alle Gelegenheiten mit Nachdruk ergriffen habe, Ihnen Beweise von meiner Ergebenheit ohne Ausnahm zu Tage zu legen. Ich werde mich zu keinen Zeiten Lügen strafen. Es ist Ihnen nicht unbekannt, in welchem Abgang alle Gebäude des Königs waren, als Er mir die Oberaufsicht über selbige anvertraute. Nun dachte ich demjenigen, den Sie an diesen Plaz bestimmen, ein angenehmeres und vollständigeres Geschenk zu machen wenn ich sie ihm erst nachdem alles wieder in den Stand gestellt ist, abtrette. Seyn Sie versichert, daß diese einzige Betrachtung die Ursache meiner Verzögerung ist, die nicht lange dauren soll. Erlauben Sie, Madam, indessen auch, daß ich Sie, ich will nicht sagen an Ihr Versprechen, aber doch doch an die Hofnung, die Sie mir zur Stelle des Herrn von Maupeou machten, erinnere. Sie haben sich schon seit langem über ihn zu beklagen, und sein Sturz ist eben so interessant für Sie, als für mich. Wenn es Ihnen leichter ist, ihn zu beschleunigen, so ist es Ihnen eben so leicht, Seine Maiestät dahin zu bringen, daß Er auf mich falle, um mich an seinen Plaz zu sezen. Seyn Sie überzeugt, daß Sie keine Person dahin sezen können, die es aufrichtiger mit Ihrem Nuzen hält.

Ich bin 2c.

Terray.

XC. Brief.

An den Dûc von Dûras.

Als ein eigennüziger Höfling machen Sie mir öfters, mein Herr Dûc, schlechterweise

Ihre

Ihre Aufwartung; als ein schlauer Mann suchen Sie mir das Herz des Königs zu stehlen, indem Sie Ihm die Reize einer gewissen Madam Pater, (*) welche, wie man sagt, vor zwölf oder fünfzehn Jahren erträglich gewesen seyen, anpreisen; ja die böse Nachrede fügt noch hinzu, daß Sie als Kammerherr, sie nicht nur dem König präsentirt, sondern noch sogar mit dem Licht voran gegangen seyen. Ich gratuliere Ihnen darzu, allein Sie haben noch nicht alle Eigenschaften eines ächten Freunds des Monarchen; Sie sind nicht fein genug, Ihr Spiel zu verbergen; die Probe darüber ist, daß ich, die zulezt von der Sache hätte wissen

(*) Diese Madam Pater ist eine Holländerin, die zehn Jahre vorher viel Aufsehens zu Paris gemacht hatte. Sie nahm 1772, man weiß nicht warum, den Titel einer Baroneßin von Neukerque an. Die Anekdote der Madam Dü Barry ist mehr als wahr, allein die Intrique war von keiner Folge.

sen sollen, von allen diesen hübschen Schlichen noch vor ihrer Entwiklung Nachricht habe. Ich weiß auch, daß mein werther Dûc von Choiseul, von Chanteloup aus, Ihr ganzes Betragen anordnet, und den Nuzen davon zu haben vermeynt, gleich wie Ihnen die Schande ohnvermeidlich folgen wird. Fahren Sie fort, Herr Dûc, lassen Sie Ihre Talente schimmern, nur gehen Sie ein bisgen geheimer darmit um. Ich hoffe, daß ich Sie von diesem Tage an nimmer bey mir sehen werde. Uebrigens bin ich mit aller Hochachtung, die Sie verdienen, mein Herr, Ihre ꝛc.

Gräfin Dû Barry.

XCI. Brief.
Von Frau Constant.

Frau Gräfin!

Ich bin Madam Constant, eine Kupferschmiedin zu Paris. Ich sollte Ihnen wohl einge-

ben,

hen, dann zur Zeit, wo Sie mit meinem guten Gevatter Lamet lebten, sahe ich alle Morgen nur Sie bey mir, und wir haben den Salat öfters zusammen geessen. Jezt da Sie so schön wie ein Raritatenkasten sind, haben Sie vielleicht Ihre alte Freundin vergessen; aber das macht mir gerade so viel als nichts. Wenn ich Ihnen schreibe, so ist es nicht, um eine Gnade von Ihnen zu begehren, denn ich brauche keine, sondern um Ihnen Ihre armen Verwandten zu empfehlen. Ihre Muhme, Madam Cantini, die ein wakeres Weib ist, Sie können sich dessen rühmen, ist unglüklicher als die Steine auf der Gasse. Ehe Sie eine grosse Dame waren, lebte sie aus ihrem Gewerb als Trödelweib beym Nachttische, und gewann dardurch sich und ihren Kindern Brodt; aber seitdem Sie Wittwe geworden sind, oder was Sie sonst so seyn mögen, Sie verstehen mich schon, haben Sie ihr verbotten, sich Ihre Muhme zu nennen, und ihren Handel fortzutreiben, unter Ver-

sprechung

sprechung 1200 Livres Jahrgehalt, worvon sie doch nur die Hälfte kriegt, man sagt, daß das durch die Hände Ihrer Gnaden des Herrn Abe Terray gehe. Wie wollen Sie nun, daß sie mit diesem lebe, und ihre Kinder ernähre, die nicht mehr Erziehung haben als ein Hund, und die nakend herum laufen? Sie sollten sich so wahr Gott lebt schämen! Und wissen Sie worzu das verleitet, diese Armuth da? Schauen Sie einmal, dieser arme August, der jezt siebenzehn Jahre hat, gut; dieser hat nebst einem andern kleinen Pürschgen, das eben so flink ist wie er, eine junge Henne ab dem Laden eines Kochs mitlaufen lassen. Er ist zum Kommissarius geführt worden, und wenn er nicht gesagt, daß er Geschwister-Kind mit Ihnen wäre, so hätte man ihn eingestekt, und dieser gute arme Mensch (*) wäre gepeitscht und gebrandmarkt worden. Das ist mir ein hübscher

(*) Madam Dü Barry, aus Forcht, daß dieser Vetter nicht neue Unfugen anstelle, gab Befehl, ihn einige Tage hernach von der Gasse wegzuneh-

scher Vorsprung, mittlerweile Sie reich sind wie eine Jüdin, würdigen Sie nicht einmal Ihre nächsten Anverwandten mit einem mitleidigen Auge anzusehen. Pfui! das ist schlecht! Nehmen Sie sich in Acht, der Zorn Gottes wird über Sie kommen, und Sie werden ganz ohnvermuthet herunter kommen. Im übrigen, sehen Sie, ich meyne es gut mit Ihnen; wenn Sie das, was ich Ihnen sage, thun, so ist es gut für Sie, wenn Sie es nicht thun, desto schlimmer für Sie. Ich für mich habe ein wehmüthiges Herz, und sage Ihnen das mit nassen Augen, und bin mit Hochachtung, Frau Gräfin, Ihre gehorsame Dienerin

Constant.

nehmen, und nach St. Lazare zu sezen, von dannen er nun, weil er das Kostgeld nicht bezahlte, und weil sich sein Taufpathe, der etwelches Ansehen hat, seiner annahm, wieder heraus kam. Dieser hat die Dü Barry so sehr durch diesen Auftritt beschämt, daß man dem jungen Menschen eine Bedienstung in Indien verschafte, wohin man ihn schifte.

XCII. Brief.

Von dem Düc von Aiguillon.

Nun sehen Sie, meine liebe Gräfin, den Monarchen, die Prinzen vom Geblüt, die Ministers, mit einem Wort den ganzen Hof zu Ihren Füssen. Damit Sie sich in einer so glänzenden Lage erhalten, so müssen Sie im Ernst auf die Entsezung des Kanzlers denken. Stolz auf die Macht, die er über den Grafen de la Marche hat, und die er ebenfalls auch auf den Prinzen Conde (*) hatte, hoft er erster

(*) Prinz Conde kam wieder nach Hof, und machte dem König durch die Vermittlung des Grafen de la Marche seine Entschuldigung. Dieser Vorgang ist in einem Neujahrsgedicht, welches damals herumgebotten wurde, also enthalten:

La Marche a le cœur loyal,
Conde fut le rcconnoitre,
Et fervi par fon égal

ster Minister zu werden, und glaubt, daß sich ihm alles unterziehen würde. Es ist höchst nothwendig, seinen Projekten zuvorzukommen, und ihn gleich dem Düc von Choiseul zu stürzen. Wenn dieses durch Ihren Verstand könnte erzielt werden, so würden Sie, meine werthe Gräfin,

Il va droit à son maitre.

Ce moyen est en général

Le plus digne peut-être.

d. i. La Marche hat ein rechtschaffenes Herz, Conde kannte es, bediente sich dessen, und gieng durch ihn, als einen seines gleichen gerade zum König. Dieses ist auch durchgehends wohl das beste Mittel.

Da Graf de la Marche die Anhänger des Herrn von Maupeou immer begünstigte, so glaubte er, Prinz von Conde würde auch bertretten. Düc von Orleans kam durch die Vermittlung des Düc von Aiguillon wieder in die Gnade des Königs. Auch heißt es in dem gleichen Neujahrsgedicht, wo man sich an den Prinzen wendt:

Vout avez fort noblement
Combiné la démarche,

Gräfin, von allen Prinzen vom Geblüt und von ganz Frankreich geliebt werden. Das Parlement, welches hernach wiederum zurükberufen werden würde, würde Sie verehren, und Sie würden mit Ruhm und Ehre überhäuft werden.

En refusant constamment
Le Comte de la Marche:
D'Aiguillon vous a bien infiniment
Fourni cette autre marche.
Mais au fond l'honneur n'est rien,
Il n'en faut tenir compte;
Hé! que vous fait le moyen,
Si vous n'en avez la honte
Alle, d'Aiguillon vous dira bien,
Comment on la surmonte.

d. i. Sie haben den Schritt sehr artig ausgedacht, indem sie dem Grafen de la Marche beständig ausschlugen. Dúc von Aiquillon hat ihnen jenen andern Weg schon gebahnt. Denn im Grund ist die Ehre nichts, man muß nicht drauf achten. Ey! was hilft ein Mittel, wenn man Schande davon hat. — Wohlan, Dúc von Ai-

werden. (*) Dieses war der Gegenstand einer Konferenz, die ich diesen Morgen mit dem Düc d'Orleans, Düc de Chartres und Prinz Conti gehabt habe. Wenn Sie nun so bey Gelegenheit die Unterschrift des Königs zum Exilium des Kanzlers erhalten könnten, so würden Sie den folgenden Morgen die Prinzen vom Geblüt kommen sehen, um Ihnen ihren Dank darfür abzustatten. Ich bin mit denen Gesinnungen, die Sie an mir kennen, und die ich Ihnen Taglebens gewidmet habe, meine werthe Gräfin,

Ihr ꝛc.

Düc von Aiguillon.

guillon wird ihnen schon sagen, wie man drüber hinaus seyn kan.

(*) Es scheint wunderbar, wenn man den Düc von Aiguillon ein Verlangen nach der Wiedereinsezung des Parlements tragen, und ihn darum anhalten sieht; er der doch wohl wußte, wie geneigt es war, mit selbigem, bevor die Schriften seines Rechtshandels zu Königl. Handen gezogen waren, nach der äussersten Strenge zu verfahren.

XCIII. Brief.

An den Dûc von Aiguillon.

Ich liebe den Kanzler, mein lieber Dûc, nicht mehr als Sie ihn lieben. Aber alle diese Staatsabsichten und alle diese Verwendungen, gefallen mir nicht. Ich möchte, daß Herr von Maupeou wegkäme, ohne daß ich mich darin mischte. Die Ursache davon ist ganz einfach. Der König hat nicht gern, wenn ich Ihm davon rede. Wenn ich je von ihm rede, so wird

Allein die Verwunderung wird ganz wegfallen, wenn man weiß, daß Herr von Ormesson, Oberrichter im Parlement, diesem Dûc im Namen seiner Gesellschaft, durch den Dûc von Orlean das Versprechen thun lassen, daß wenn das Parlement auf sein Vorwort wurde eingesezt werden, man zur Entscheidung seines Rechtshandels schreiten, und ihn durch Freysprechung der beschuldigten Untreue schneeweiß machen würde. Nach diesem Versprechen hatte er bey Wiedereinsezung des Parlements am meisten zu gewinnen.

wird Er gleich düstern und ernsthaft; nun fodert mein Interesse, Ihm nicht lästig zu werden, sondern Ihn im Gegentheil in seiner Verlegenheit aufzumuntern. Indessen sage ich nicht, daß ich müßig bleiben werde: ich möchte, daß sich die Gelegenheit ereignete, ohne sie zu suchen, ich würde sie alsdann benuzen. Sie können meine Gesinnungen dem Düc von Orlean wissen lassen. Ich bin, mein lieber Düc, ganz die Ihrige.

Gräfin Dü Barry.

XCIV. Brief.

An Mademoiselle Raucour, Schauspielerin von der französis. Komödie.

Sie wissen, meine schöne Raucour, was gestern zwischen dem König, Ihnen und mir vorgieng. Beobachten Sie die gröste Verschwiegenheit, und mißbrauchen die Gunst nicht, die ich Ihnen verschaft habe. (*) Wir haben uns beyde bezahlt gemacht, und es wird, wie ich denke, nicht das letzte mal seyn. Ich werde noch eine Zusammenkunft, die Ihnen nicht mißfallen soll, für Sie anstellen. Leben Sie wohl, meine schöne Raucoux, seyn Sie ferners bescheiden. Dieses ist das einzige Mittel, daß man Sie schäzt und daß es Ihnen gelingt. Zählen Sie auf meine Freundschaft.

Gräfin Dú Barry.

(*) Mademoiselle Raucour gieng, nachdem sie vor Sr. Majestät die Rolle der Dido gespielt hatte, in das Puzzimmer, welches an die Loge des Königs stoßt, und in welchem Er mit seiner Maitresse einzig war. Seine Majestät überliessen sich mit diesem neuen Gegenstand, dem fleischlichen Vergnügen, und Mademoiselle Raucour gieng, mit Wohlthaten von dem Herrn und seiner Favoritin ganz überhäuft, aus der königlichen Loge weg.

XCV. Brief.

An die Marquisin von Rozen.

Verzeihen Sie meine schöne kleine Marquisin den Scherz (*) der sich die vorige Woche bey mir zugetragen hat. Ich soll Ihnen sagen, daß der König der Erfinder, und ich nur die Vollzieherin desselben war. Ich wünsche daß Sie darüber nicht ungehalten gegen mich seyen, und

(*) Madam von Rozen, jung und sehr hübsch, war genau mit der Madam Dû Barry bekannt, die sie in ihre Freundschaft aufnahm. Allein nachdem ihr die Frau Gräfin von Artois, deren Hofdame sie war, Vorwürfe machte, daß sie so öfters um die Favoritin seye, brach sie plözlich mit ihr ab, oder schien wenigstens kälter gegen ihr zu seyn. Die andere war über diese Veränderung betretten, und bezeugte ihren Verdruß dem König, welcher im Scherz sagte, daß Madam von Rozen ein Kind wäre, der man die Ruthe geben sollte; allein Madam Dû Barry nahm es für baar an, lud sie den folgenden Mor-

und daß wir in der gleichen Vertraulichkeit mit einander leben mögen. Glauben Sie nur, daß ich Sie immer ganz aufrichtig liebe, und daß ich mit diesen Gesinnungen bin.

Gräfin Dü Barry.

XCVI. Brief.
An Madam la Dauphine.

Madam!

Ich habe mit Verdruß vernommen, daß man mich bey Ihnen zu verkleinern suchte, indem man mir in Betreff des diamantnen Haar-sträuß-

gen aufs Frühstük ein, machte Mad. von Rozen in ihr Puzzimmer tretten, allwo vier Kammerjungfern sich ihrer bemächtigen, und sie nicht übel die Ruthe empfinden liessen. Der König, bey dem sich Madam von Rozen beklagte, konnte Madam Dü Barry nichts darüber sagen, weil sie Ihn erinnerte, daß es auf seinen Befehl geschehen seye.

sträußgens, das ich machen lassen, und das Ihnen zu gefallen schien, weil Sie es für Sich behielten, mürrische Reden zur Last legte (*) Weit entfernt, das geringste Mißvergnügen über die Entziehung dieses Kleinods zu äussern, war es mir leid, daß ich nicht vorsehen konnte, daß selbiges nach Ihrem Geschmak seyn

(*) Madam la Dauphine sollte gegen Madam Dû Barry, wegen den ehrvergeßnen Reden, die sie die Ohnverschämtheit hatte, gegen diese Prinzeßin auszustossen, ganz aufgebracht seyn; allein sie suchte sich durch einen ihrem Alter und ihrer Lebhaftigkeit angemessenen Streich zu rächen.

Sie wußte, daß Mad. Dû Barry bey einem Juwelierer ein sehr prächtiges diamantnes Haarsträußgen bestellt hatte. Von dem Tag, den ihn der Künstler bringen sollte, benachrichtiget, befihlt sie, daß man auf ihn passen und ihn, bevor er zur Favoritin gehe, zu ihr führen soll. Ihr Befehl ward genau befolgt. Er kam, und sie bestellte ihm ein sehr kostbares und elegantes

seyn könnte. Ich würde eben so viel Vergnügen gehabt haben, Ihrem Verlangen bey diesem Anlas zuvorzukommen, als ich zu allen Zeiten haben werde, um Ihnen zu zeigen, wie sehr ich wünsche, die Ehre Ihrer Gewogenheit zu verdienen.

Ich bin mit tiefster Ehrfurcht rc.

Gräfin Du Barry.

Haarsträußgen. Der Juwelierer fragte, ob sie es haben wollte wie das, so er bey sich hätte? Dieses war nun, was Madam la Dauphine erwartete. Sie besieht dieses Kleinod, läßt es sich ihr, durch ihre Damen aufsezen, findt, daß es ihr sehr gut läßt, und giebt ihm zu verstehen, daß sie es behalten wolle. Dem Juwelier wird nicht wohl bey der Sache, die Prinzeßin nimmt es wahr, und will die Ursache davon wissen. Er gesteht sie. Madam la Dauphine muntert ihn auf, und sagt ihm, daß sie es auf sich nehmen wolle. Sie geht hernach mit ihrem diamantnen Kleinod zum König, und fragt Ihn, wie Er's finde? Er rühmt den Geschmak und die Kostbarkeit desselben, worauf sie Ihm den Possen, den sie Mad.

XCVII. Brief.

Von dem Düc von Aiguillon.

Man hat, meine werthe Gräfin! neue Verse (*) über den König gemacht, in welchen man zu verstehen giebt, daß ich das Glük habe, Ihre Gunst zu geniessen, Ich weiß nicht, wie man sich unsere Vertraulichkeit hat mögen einfallen lassen. Seyn Sie etwann nicht vorsichtig genug gewesen, oder ist es mit unsern Vertrauten nicht ganz richtig? Sie wissen, daß der geringste Blik vor den Hofschranzen, eine Art von Beweis ist. Es ist Ihnen über-
das

Dü Barry spielte, erzehlt. Der Monarch giebt ihr Beyfall, lacht, und geht selbst zu seiner Maitresse, um sie darüber zu neken.

(*) Der Uebersetzer läßt diese, im Original befindlichen Verse mit Vorsaz weg, weil gesittete Leser nichts darbey verlieren, und der schlüpfrigen Stellen ohnehin schon hier und da vorkommen.

das bekannt, daß unser Interesse das gröste Geheimniß erfodert; ich will daher lieber glauben, daß es ein von der Bosheit erdichteter Argwohn seye: allein es ist äusserst nothwendig, daß wir verhüten, daß diese Verse nicht vor den König kommen. Herr de la Brilliere hat zwo Personen, bey denen man Abschriften darvon gefunden hat, gefänglich einziehen lassen, und dem Herrn von Sartine die strengsten Befehle gegeben, damit keine mehr in Paris herumgebotten werden. Leben Sie wohl, meine theure Gräfin. Ich bin Zeitlebens Ihr rc.

Dúc von Aiguillon.

XCVIII. Brief.
An den Dúc von Chartres.

Gestern habe ich mit dem König wegen der Großadmiral-Stelle, die Sie gerne haben möchten, gesprochen. Ich habe Ihm die schönsten Dinge von der Welt vorgesagt, um Ihn, Ihnen

Ihnen gewogen zu machen. Seine Maiestät haben mich gefragt, ob Sie die Genehmigung des Dücs von Penthievre hätten? Ich erwiederte, daß ich es glaubte. Gestern hat Er diesen Prinzen, zu dem Sie kein Wort gesagt hatten, und welcher über den Schritt, den Sie mich thun lassen, ganz bestürzt schien, gefragt. Der König hat mir nachher Verweise gemacht; meine Entschuldigung war, daß ich nichts darvon gewußt, und nur geradehin meine Kommißion ausgericht hätte. Stellen Sie künftig Ihre Anschläge besser an. Meine Empfehlung an den diken Papa. (*)

Ich bin ꝛc.

Gräfin Dü Barry.

XCIX. Brief.
An den Düc von Aiguillon.

Gestern, mein lieber Düc, gieng ich sehr vergnügt zu Bette, in der Hofnung, daß ich Ihnen

(*) So nannte sie den Düc von Orlean.

Ihnen diesen Morgen die Ungnade des Marquis von Monteynard würde melden können. Der König hatte endlich meinem Anhalten nachgegeben, und den Befehlsbrief, den ich Ihm vorlegte, unterschrieben, nachdem ich Ihn auf den Punkt führte, wo ich Ihn gern haben wollte. Seine Ueberlegungen, die Er die Nacht durch machte, haben meine Absicht vereitelt, und sein Erstes beym Aufstehen war, daß Er seine Unterschrift zurük nahm. Dieser Fall soll mir zur Warnung dienen; wenn ich so glüklich bin, wieder einen solchen Anlaß zu erleben, so wird es mir obliegen, die Befehlsbriefe auf der Stelle abgeben zu lassen, um es dem König ohnmöglich zu machen, selbige zurük zu nehmen. Ich bin aussert mir, daß mir mein Streich gegen diesen Mann, den ich seit seinen gegen Abe Terray (*) ausgestossenen

(*) Marquis von Monteynard gieng eines Tages zu Abe Terray, um ihm Geld in sein Departement zu födern; dieser sagte ihm ganz troken, daß er keines hätte. Der Marquis antwortete ihm in

flossenen Reden und abschlägigen Antwort, die er mir gab, (*) und wegen seiner Vertraulichkeit (**) mit dem Kanzler, nicht ausstehen kan, mißlungen ist. Ich bin ꝛc.

Gräfin Dü Barry.

C. Brief.

An den Düc von Aiguillon.

Wenn ich, mein werther Düc, schon nicht das Vergnügen gehabt habe, den Marquis von

harten Ausdrüken, daß er sich wundere, daß kein Geld zum Dienst des Königs da wäre, mittlerweile man so viel für H— und Kuppler verschwende.

(*) Sie hatte das Dragoner-Regiment Baufremont für den Herrn Dangets von Orcay, ein Neffe des Generalpachters gleichen Namens von ihm begehrt. Der Minister schlug es ab, und gab es dem Prinzen von Lambesc.

(**) Man wird sich vielleicht verwundern, daß Herr von Monteynard, der wakerste Mann im Ministe-

von Monteynard ganz zu vertreiben, so hat mir doch der König, damit ich Ihm seine Schwachheit bey diesem Anlaß nicht übel nehmen möchte, jene Gnade bewilliget, die Sie mir von Ihm zu begehren anriethen. Ich habe mit Ihm über die abscheulichen Kontributionen geredt, die Madam von Langeac (*) von denjenigen Personen, die durch sie Gnadenbezeugungen erhalten haben, fodert. Seine Majestät waren sehr ungehalten darüber, und haben mir den Vorschlag der Persosonen zu Errichtung des Hauses von Artois erfo-

rium, sich so genau mit dem Kanzler eingelassen habe; allein als man ihn nach der Ursache fragte, sagte er, daß er sich in Sachen, die er nicht verstünde, immer nach dem Minister richte, an dessen Departement selbige im weitern giengen. Er befolgte in diesem das System des Kardinal Fleuri.

(*) Jedermann hat von Madam von Langeac reden gehört, welche Anfangs in Marseille einen Schuhflicker, Namens Sabathin, geheurathet hatte, und als sie nachher nach Paris kam, um zu je-

erfodert werden, aufgetragen. Es soll diejenigen, die dahin kommen, nichts kosten; allein wir werden den Vortheil haben, lauter uns zugethane Leute dorten zu sehen. Ritter Dü Barry soll Kapitain der Hundert Schweizer werden. In Ansehung der übrigen Stellen, sehen Sie, mein werther Düc, wen Sie darzu haben möchten. Ich werde dem König nur diejenigen vorschlagen, über die wir uns verstanden haben. Heute werde ich Sie nicht sehen, der König geht auf die Jagd, und ich werde ein Theil des Tages in dem Kloster

St.

dermanns Bedienung zu leben, ward sie die förmliche Maitresse des Dücs von Brilliere. Dieser Minister, der einige Kinder von ihr hatte, und sie adeln wollte, sezte Sabathin, ihr Mann, ins Zuchthaus, unter dem Vorwand, daß er einen falschen Todtenschein gemacht habe, und verheurathete seine vermeynte Wittwe an den Marquis von Langeac, welcher sich als Vater von denen Kindern angab.

St. Elisabeth (*) zubringen. Leben Sie wohl mein Lieber, Sie wissen, wie sehr ich Sie liebe.

Gräfin Du Barry.

CI. Brief.

Von dem Abe Terray.

Paris den 10. April 1773.

Frau Gräfin!

Ihr Sachwalter hat mir sechsmal hundert tausend Livres für Sie begehrt, ohne mir zu sagen, wohin Sie dieses Geld verwenden wollen.

(*) Madam Du Barry besuchte ihre Mutter, welche unter dem Namen Madam von Montrable, deren man anfieng den Titul Marquisin vorzusezen, in diesem Kloster war. Die Aufführung der Madam Du Barry gegen ihre Mutter, macht ihrem Herzen Ehre, weil sie ohnerachtet dem Taumel der königlichen Huld, und der grossen Zerstreuung, in der sie lebte, selten vierzehn Tage vorbeygehen ließ, daß sie nicht ihre Mutter be-

len. Ich habe ihm gesagt, daß ich es ihm nicht auf der Stelle geben könnte, sondern die Ehre haben würde, mit Ihnen darüber zu reden. Ich bin weit entfernt, Madam, Ihnen etwas abzuschlagen, denn Sie wissen, wie sehr ich der Ihrige bin. Erlauben Sie mir jedoch, daß ich Ihnen einige Vorstellungen mache, ich werde hernach thun, was Sie wollen: der königliche Schaz ist nicht so ohnerschöpflich, wie Sie etwann glauben möchten. Ohnerachtet aller Mittlen, deren ich mich bediene, um Zufluß zu finden, so gestehe ich Ihnen, daß ich öfters und besonders jezt, sehr verlegen bin. Seitdem ich Ihre Gewogenheit geniesse, haben Sie achtzehn Millionen rein-

aus

suchte, mit ihr zu Mittag speißte, und den grösten Theil des Tages bey ihr zubrachte. Es ist anzumerken, daß die Superiorin dieses Klosters, die Niederträchtigkeit so weit triebe, daß sie ihre Nichte, die treflich sang, kommen ließ, um Madam Dû Barry während dem Mittagessen zu amûsieren.

aus bezogen, ohne einer Menge geringfügiger Sachen zu erwehnen. Auf der andern Seite macht der Kanzler zu Ergänzung des Parlements und Besoldung seiner Spionen, einen abscheulichen Aufwand. Endlich richtet mich Duc von Aiguillon zu Grunde, der sich an auswärtigen Höfen, wo er, wie Sie wissen, übel angeschrieben steht, Freunde und Anhänger machen will. Urtheilen Sie selbst, Frau Gräfin, ob meine Vorstellungen übel gegründet seyen, wenigstens muß ich in einer grossen Verlegenheit seyn, weil ich mir selbige erlaubt habe, da mir nichts so sehr am Herzen liegt, als alle Ihre Wünsche zu erfüllen, und ihnen sogar zuvorzukommen. Indessen wenn Sie sich jezt mit dreymal hunderttausend Livres begnügen können, so will ich sie Ihrem Sachwalter zustellen, sobald er sich sehen läßt.

Ich bin mit Ehrfurcht

Terray.

CII. Brief.

Von Mademoiselle Dûbois, Schauspielerin der französis. Komödie. (*)

Paris den 25. April 1773.

Madam! (**)

Aus Gehorsam gegen Ihre Befehle, hatte ich mich entschlossen, wiederum die Bühne zu besteigen, und meine schwachen Talente zu Ihrer Belustigung zu vervollkommnen; aber ich habe fataler Weise zu spät darzu gethan. Meine Rolle ist vergeben, und meine Gespielinnen

(*) Die Originale von diesem und folgenden Brief, (sagt der Verfasser) haben wir nicht gesehen. Wir rüken sie hier ein, weil Abschriften darvon in Paris und bey Hof herum giengen, können aber für deren Aechtheit nicht Bürge seyn.

(**) Um einen rechten Begriff von diesem Brief zu kriegen, ist zu bemerken, daß Madam Dû Barry viel auf Mademoiselle Dûbois hielt, sie mit Gut-

nen haben mir die Unordnung, die jch unter ihnen anstellen würde, begreiflich gemacht. Sie haben mich versichert, daß Ihnen die Kammeriunker ein Memorial vorlegen, in welchem Sie Ihnen die Ohnmöglichkeit meiner gegenwärtigen Eintrettung, ganz klar zeigen würden. Möchten Sie, Madam, hierdurch von dem Eifer meines Andringens, und von der Begierde, die ich würde gehabt haben, überzeugt seyn, in jenen kostbaren Augenbliken, wo Ihr Geist von denen wichtigen Beschäftigungen, die ihn anstrengen, ausruht, etwas zu Ihrem Vergnügen beyzutragen.

Aber

thaten überhäufte, und alles anwandte, um sie wieder auf die Bühne zu bringen. Diese ließ sich bereden, allein da Umstände darzwischen kadie es ihr nicht gestatteten, machte sie sich den Zutritt, den ihr diese Verwendung bey der Gräfin Dü Barry verschafte, zu Nuze, um sie zu bitten, es dahin zu bringen, daß sie Dauberval Operntänzer, ihr erster Liebhaber, heurathe.

Aber Madam, Ihre Gewogenheit macht mich so kühn, Sie um eine andere zu bitten. Erlauben Sie, daß ich mein Herz vor Ihnen ausschütte, das Ihrige ist allzu empfindsam, als daß es für die Schwachheiten der Liebe nicht Nachsicht hätte. Ich liebe schon seit mehr als zwölf Jahren, Dauberval: Glüklich, wenn seine Zärtlichkeit gegen mich eben so ohnunterbrochen wie die meinige gewesen ist! Gegen wie viele hat der Treulose seitdem die gleichen Schwüre wie gegen mich gethan! Indessen habe ich ein theures Pfand unserer Vereinigung, ein Kind, der Gegenstand meiner mütterlichen Liebe. Ich kan ohne Schauer nicht an seine uneheliche Geburt denken; ich möchte es durch die Heurath gutmachen. Jezt bin ich reich, ich kan die Schulden des Treulosen bezahlen, und will nichts, als daß er herumkomme, und mir seine Hand gebe. Diese edle Handlung, Madam, ist Ihrer würdig; denn obschon ich etwas ausschweifend gewesen bin, so hat mein Herz doch immer ehrbare Gesinnungen gehabt. Sie wissen, was die Jugendjahre eines Mädgens sind, welches Reize hat, und welches seine Lage den Verführungen der Liebenswürdigsten am Hof aussezt. Je mehr sie sich widersezt, je mehr hat sie Verführer. Indessen bin ich im Getümmel des Theaters niemals glüklich gewesen; ein Begriff der Religion ist mir geblieben; ich habe ein zartes Gewissen, welches sich leicht empört. Die Furcht der Zukunft hat mich ohnaufhörlich im Schoosse der Wollust geängstiget. Der Verlust meines lezten Liebhabers hat mich in eine tiefe Traurigkeit versezt, und sein unglükliches Ende, in der Blüthe seines Alters, für ihn zittern gemacht. Sehen Sie, Madam, die Hauptursache, die mich bewogen hat, die Bühne zu verlassen. Sie trugen ein Verlangen, daß ich wieder auftretten möchte, und ich überwand mein Gewissensscrupel, und meinen Widerwillen; aber die Umstände widersezten sich Ihrem Willen. Geruhen Sie nun Madam, mein Glük zu vervollkommnen,

das

das ich habe, Sie einen Augenblik mit mir beschäftiget zu sehen, indem Sie mir eine Protektion, oder besser zu sagen, eine Autorität bewilligen, die niemals besser verwandt werden kan. Ich bin mehr als versichert, Dauberval wird sich einer von Ihnen auferlegten Pflicht nicht entziehen können, und ich werde eine Zufriedenheit mehr bey dieser Trauung empfinden, nemlich dieienige, daß weil ich Sie im Theater Ihre ganze edle Mussezeit durch, nicht ergözen kan, noch durch meine zwote Hälfte, durch einen Mann, der sich der Bühne so lange widmen wird, als er das Glük hat Ihnen zu gefallen, zu Ihrem Vergnügen werde beytragen konnen.

Ich bin mit der tiefsten Ehrfurcht ꝛc.

Dübois.

CIII. Brief.

Von Dauberval Operntänzer. *

Madam!

Ich kenne die Liebe nicht so gut als Mademoiselle Dùbois; allein wenn sie darin besteht, einen Mann im Beth aufzunehmen, so ist es richtig, daß Sie viel für mich hatte. Indessen da ich nicht täglich mitmachen konte, und sie sonder Zweifel durchaus Liebe nöthig hatte, vergab sie den Platz gar öfters an

(*) Nach Empfang des Briefs von Madem. Dùbois, lies Madam Dù Barry Dauberval ruffen, und eröfnete ihm den Antrag der Schauspielerin, welcher darinnen bestund, ihm vierzigtausend Livres baares Geld zu Bezahlung seiner Schulden zu geben, ihre fahrende Haabe die zweymal hunderttausend Livres werth seyn mochte, zu Geld zu machen, und i m für seinen Antheil 15000 Livres Leibrenten, die sie hatte, anzuweisen. Auf dieses ganze Anerbieten machte Dauberval, nachdem ers einige Tage ins Bedenken genommen, obige Antwort.

an andre, und wir wechselten so der Reihe nach, vier, fünf und mehrere mal ab. Aus dieser Mischung entstund ein kleiner Bube. Sie hatte die Gewogenheit mich zum Vater darzu zu ernennen; ich nahm es mit so viel grösserer Erkenntlichkeit an, da sie ihm einen vornehmern es seye unter einigen Herren am Hof, oder unter Magistratspersonen, der Geistlichkeit, oder unter den Matadors der Finanzen hätte wählen können. Dem seye nun wie ihm wolle, ich habe diese Ehre angenommen, und zugleich versprochen, für das Kind zu sorgen; allein seine Mutter die es, als ein von der Vorsehung mit Fleis zu ihrem Zeitvertreib erschaffenes Spielwerk ansahe, wollte es bey sich haben. Ich habe ihr damals gesagt, daß ich es nicht so verstünde, und der Vaterstelle entsagen wollte. Jezt da die Puppe nimmer so lustig, noch so folgsam ist, da sie ihr Mühe macht, und ihr den Arm herunterzieht, möchte sie sich davon losmachen, und mir den Buben zurükschiken. Allein Sie hat den Nuzen gehabt, nun habe sie auch den Unmus; um so mehr, da sie mit dem bürgerlichen Leben daß sie führen will, mit den mütterlichen Gesinnungen, worvon ihr Eingeweide hüpft, und mit denienigen der Religion die sie zu Markt trägt, vollkommen übereinkömmt. Auch weiß ich, daß sie einen sehr schwachen Kopf hat, und ich förchte das Uebel möchte mich auch anstecken und mir den meinigen verderben. Sie förchtet den Teufel und ich auch. Das was mich zurükhält sie zu heurathen, ist ein eingefleischter Teufel, welcher Vater, Mutter, Bruder, Schwester, Liebhaber und alles zum Zorn reizt; denken sie also was aus dem guten Mann werden würde!

Sie haben mir erlaubt Madam, mich über diesen Gegenstand ganz frey heraus lassen zu dörfen, und ich befolge Ihre Absicht. Möchte Sie meine Offenherzigkeit auf einen Augenblik belustigen. Ich vermuthe, daß dieses alles ist, was Sie bey dieser Unterhandlung im Aug hatten, die wegen denienigen die sie angeht

geht, so weit unter Ihnen; allein wegen der Güte des Herzens, die alle Ihre Handlungen bezeichnet, bewundrungswürdig ist. Das groste Uebel der Mademoisell Dübois, ist ohne Zweifel dieses, daß sie nichts mehr zu Ihrem Vergnügen beytragen kan. Was mich betrift, so habe ich nicht nöthig sie zu heurathen, um Ihnen zugethan zu seyn. Ich will alle das Verdienst einer ganz ohngezwungenen Ehrfurcht einzig für mich haben.

In Ansehung der Mademoiselle von Raucour, deren Heurath Sie mir, mangel Mademoiselle Dübois vorzuschlagen beliebten so ist es noch eine frisch ausgepakte Waare die erst feilgebotten werden mus, es liegt mir aber wenig daran, ob ich der erste seye der sie kauft, oder darvon hat. Wenn sie ein wenig herumgekommen ist, so wollen wir sehen, wie es mit ihr aussieht.

Ich bin mit der grösten Hochachtung ꝛc.

Dauberval.

CIV. Brief.
Von dem Dúc von Aiguillon.

Sie wissen meine schöne Gräfin, daß wir vieles über Ihren Schwager zu klagen haben. Er hat schon wieder einen Streich gemacht, worüber ich ganz aufgebracht bin. Sie können selbst darüber urtheilen; ich hoffe, daß Sie mir helfen werden, ihm Schranken zu sezen. Seit seiner Rükkunft de l'Isle, hat er sich auf einige Tage ins Schloß von Triel verschlossen, um sich daselbst desto freyer, der vollen Raserey des Spiels zu überlassen. Ueber das Geld, daß er bey sich hatte, hat er sieben tausend Louisd'ors verlohren, und darfür nach seiner Gewohnheit ein Billet auf den Abe Terray abgegeben. Der Abe hat es nach unserer Verständnis nicht einlösen wollen. Ihr Schwager hat hierauf mit Feuer und Schwerdt um sich geschlagen; er hat Lästerungen wider uns alle ausgestossen, und hat sich groß gemacht, daß er die Minister gesezt habe, und

sie

sie wieder wegthun könne. Zulezt glaubte er eine grosse Ide von seiner Mäsigkeit und Wirthschaft zu geben, wenn er sagte, daß er erst fünf Millionen aus dem Königl. Schatz (*) bezogen habe. Was mich am meisten ärgert, ist, daß diejenige Persohn, die mir diese Reden hinterbrachte, versicherte, daß sie bey einem Nachtessen geflossen seyen, welches aus Leuten bestanden habe, die sich eine Freude daraus machten, selbige zu verbreiten. Sie begreifen meine theure Gräfin! wie schädlich sie uns seyn können, besonders in betref der Leichtigkeit, aus dem Königl. Schatz Gelder zu heben, welche man, um uns mehrere Feinde zu erweken, noch vergrössern wird. Ich rede über alle diese Gegenstände, wie mir's ums

(*) Er führte noch eine weit ohnverschämtere Rede. Wenn er viel im Spiel verlohr, und man ihn zu bedauren anfieng. „Ey, meine Freunde, sagte er, seyd nur ruhig, das Brüdergen wird mir schon geben.“ So nannte er Ludwig den Fünfzehnden.

ums Herz ist, weil ich weiß, daß Sie schon lange der Ueberlästigkeit dieses Mannes, der sehr gefährlich ist, müde sind, und ich hoffe, Sie werden mit mir trachten, daß er's unterlasse. Sein Karakter den er hat, wird ihn sicher zu einer Thorheit verleiten, die uns einen Vorwand giebt, ihn zu entfernen, und ihn wenn er sich weigern wollte, zu nöthigen, diese Parthey zu ergreifen. Leben Sie wohl meine schöne Gräfin, Sie wissen wie schäzbar Sie mir sind.

Dúc von Aiguillon.

An den Dúc von Aiguillon.

Fontainebleau, den 21. Weinm. 1773.

Ich bin mein lieber Dúc in Todesangst; Sie wissen, daß der König vorgestern unpäßlich war. La Martiniere muß bey ihm im Zimmer schlafen. Ich weiß nicht was zwischen Ihnen vorgegangen ist, aber von diesem Augenblick an,

ist

ist Se. Majestät merklich kaltsinniger worden. Ich förchte die Vorstellungen dieses Esculaps (*) entsezlich, und die Folgen, die sein Rath haben kan, machen mir die Haut schauern. Kommen Sie, sobald Sie Zeit haben, zu mir; ich werde den ganzen Abend allein seyn. Es ist von der äussersten Konsequenz, daß wir uns mit einander berathen, wie ich mich zu verhalten habe. Ich bin ganz die Ihrige.

Gräfin Dü Barry.

(*) Der König, als er la Martiniere, seinem ersten Wundarzt, seine Verlegenheit über seine zerrüttete Gesundheit äusserte, sagte ihm „Ich sehe wohl, daß ich nimmer jung bin, ich werde mit dem Wagen zurükhalten müssen. — Sire, ver„sezte la Martiniere, Sie thäten noch besser, „wenn Sie ausspannten." Der König war eine Zeitlang sehr frostig mit seiner Maitresse, so daß er beym Anfall einer üblen Laune, eine prächtige Kutsche, die sie auf die Revüe bestellt hatte, deren sie nicht beywohnte, absagen ließ. Allein nach und nach gieng s mit seiner Gesundheit wie-

CVI. Brief.

Von dem Duc von Orlean.

Paris den 24. Weinmon. 1773.

Ich erwarte mit Ungedult den Erfolg Ihrer Bitte, die Sie, meine reizende Grafin, bey dem König für mich einzulegen mir versprochen haben, um Ihn dahin zu bringen, daß Er seine Einwilligung zu meiner Vermählung mit Madam von Montesson gebe. Der lebhafte Anth il, den Sie an dieser Sache zu nehmen schienen, und die Macht, die Sie auf das Herz des Königs haben, liessen mich hoffen, daß ich auf eine baldige Genehmigung zählen könnte. Sie wissen, daß Sie mich blos unter diesen Vorstellungen dahin gebracht hatten, nach Hof zurük zu kehren. Seitdem ich diesen Schritt gethan habe, sind die Sachen immer in der gleichen Lage, und es ist zuverlässig,

der besser, und sein Kaltsinn gegen seine Favoritin verschwand gänzlich.

läßig, daß Sie, meine schöne Dame, nicht gethan haben, was Sie hätten thun können. Indessen kan ich nicht glauben, daß ein so holder Mund, wie der Ihrige, mir Versprechungen gethan habe, mit dem Entschluß, sie nicht zu erfüllen. Dieses Betragen würde der liebenswürdigen Offenherzigkeit, die Sie mir bey allen Gelegenheiten zeigten, widersprechen, und ich sehe nicht ein, warum ich der Einzige seyn sollte, mit dem Sie es nicht redlich meynten. Ich bin ꝛc.

Ludwig P. Düc von Orleans.

CVII. Brief.

An den Düc von Orleans.

Den 25. Weinm. 1773.

Monseigneur!

Ohnerachtet aller der Macht, die Sie glauben, daß ich auf das Herz des Königs habe, ist es doch nicht so leicht als Sie denken, Ihn zu einer Sache zu bringen, die Ihm ganz zuwider ist, und ich sage Ihnen frey heraus, daß jene Vermählung eben eine solche Sache ist. Ich bedaure Sie. Bis diese Stunde ist mein Anhalten fruchtlos gewesen; allein es braucht nur einen guten Augenblik, um Sie zu befriedigen. Wenn ist er da? Das kan ich Ihnen nicht sagen. Hier, diker Papa, (*) wollen Sie, daß ich Ihnen einen guten Rath mittheile? Heurathen Sie erst, wir wollen hernach sehen, daß es für Sie besser geht; ich bin selbst sehr darfür eingenommen. Wenn der König nicht seine Einwilligung zu Ihrer Trauung

(*) Dieses ist eine freye Art zu reden, besonders mit dem ersten Prinzen vom Geblüt, Allein man wird sich nicht wundern, wenn man hört, daß Madam Dü Barry mit dem König selbst noch viel freyer redte. Eines Tags, als Se. Majestät, zum Zeitvertreib, in dem Zimmer seiner Maitresse den Kaffe machte, sahe sie den Kaffe überlaufen, worauf sie sagt: „Ey, Frankreich, „nimm dich in Acht, dein Kaffe will zum H—k—r."

Trauung giebt, so kan Er sie in der Folge für gültig erklären; es kömmt auf das gleiche heraus. Seyn Sie versichert, daß ich Ihr Anliegen nicht aus der Acht lassen, auch keine Gelegenheit versäumen werde, Ihnen Gefälligkeiten zu erweisen. Ich bin rc.

Gräfin Dü Barry.

CVIII. Brief.

An den Düc von Aiguillon.

Ich schreibe Ihnen, mein lieber Düc, ganz mit Klagen von dem Düc de la Brilliere und der Madam von Langeac überstimmt. Aber nun ist es geschehen. Der Ritter d'Arcq wird nie keine Stellen mehr verkaufen. Der Befehlsbrief, der ihn nach Tülle verweißt, ist unterschrieben; dorten wird er nicht so leicht Gelegenheit finden, seine Talente zu verwenden, wie hier. Ich verlasse mich immer auf das Versprechen, das Sie mir gethan haben, morgen mit mir nach Paris zu kommen. Leben Sie wohl, ich bin Ihre Freundin

Gräfin Du Barry.

CIX. Brief.

An den Dûc von Aiguillon.

Sie hatten es wohl voraus gesehen, mein werther Dûc. Die Heurath des Vicomte Dû Barry hat fehlgeschlagen. Mein Anhalten und meine Thränen sind fruchtlos gewesen. Der König war standhafter als ich dachte. Marquis de la Tour-Dû-Pin-la-Chorce, nimmt uns Mademoiselle von St. Andre (*) weg. Man

(*) Mademoiselle von St. Andre war eine natürliche Tochter Ludwigs des Fünfzehenden. Sie war in dem Kloster der Präsentation zu Paris. Der König war gesonnen, sie an den Vicomte Dû Barry zu verheurathen. Er ließ Herr Yon, einen vertrauten Mann, welcher bestellt war für die Erziehung und das Vermögen dieser jungen

Man muß im Ernst auf Mademoiselle von Tournon (*) bedacht seyn. Man sagt, sie seye sehr schön, und will mich sogar schreken, daß sie meine Mitbuhlerin werde, allein es hat nichts zu sagen; wenn dieses geschieht, so werde ich wenigstens das Vergnügen haben, daß der Plaz nicht aus der Familie kömmt. Ich bin immer ganz die Ihrige.

Gräfin Dü Barry.

Person zu machen, vor sich kommen. Dieser hatte Muths genug, dem König die bundigsten Vorstellungen zu machen, um ihn von seinem Vorhaben abzubringen. Der Monarch gab seinen Gründen Gehör, und verheurathete seine Tochter an den Marquis de la Tour-Dü-Pin-la-Chorce.

(*) Mademoiselle von Tournon war eine Tochter von vornehmer Herkunft in der Normandie, siebenzehn Jahr alt, sehr schön, und mit den Grösten am Hof befreundt, allein nicht reich. Sie war eine Verwandtin des Prinzen von Soubise, der die Niederträchtigkeit hatte, diese Verbindung

CX. Brief.

Von dem Prinz von Soubise.

Gestern, meine liebenswürdige Gräfin, war die Zusammenkunft bey mir. Vicomte Dü Barry ist von meiner schönen Baase, die ihrer Seits in alles, was ich zu ihrem Besten vornehmen werde, ihre Einwilligung giebt, ganz bezaubert. Prinz Conde wirft diese Verbindung nicht weit weg; allein ehe er seine förmliche Genehmigung darzu giebt, möchte er, daß ihm der König den Zutritt in sein Conseil gestattete, sein Hotel kaufte, und ihm fünfzehnmal hundert tausend Livres zu Bezahlung seiner Schulden hergäbe. Er meynt, es seye Ihnen ein Leichtes, diese Gnade von Sr. Majestät zu erhalten. Ich für mich wünsche

es

vorzuschlagen. Prinz Conde, Tochtermann des Prinzen von Soubise, war auch mit in dieses Geschäft gezogen. Er machte bey diesem Anlaß gewaltige Forderungen, die man ihm zum Theil bewilligte, und die Trauung ward vollzogen.

es sehr, in Rüksicht auf die Begierde die ich habe, eine Verbindung berichtiget zu sehen, die unendlich schmeichlend für mich ist. Ich weiß, daß wir gewisser massen die Einwilligung dieses Prinzen entbehren könnten; allein es dörfte doch ein gewaltiger Unterscheid in der allgemeinen Zufriedenheit machen, wo Sie im Gegentheil, wenn Prinz Conde das was er verlangt, durch Sie erhielte, Sie einen grossen Anspruch auf seine Erkenntlichkeit erwerben könnten, die Ihnen nicht undienlich seyn würde. Ich bin, meine liebenswürdige Gräfin,

Prinz von Soubise.

CXI. Brief.

Von dem Dúc von Aiguillon.

Ich habe Ihnen, meine werthe Gräfin, über das was Sie mir gestern sagten, viele Anmerkungen zu machen. Obschon Sie die kluge Besorgnis, die man Ihnen über die Folgen der bewußten Heurath einstössen wollte, im Scherz aufnahmen, so glaube ich dennoch, daß sie Ihre Ueberlegung verdiene. Ich förchte, daß wenn ich Ihnen Lust mache, selbige zu Stande zu bringen, Sie zu gleicher Zeit an Ihrem eigenen Untergang arbeiten möchten. Könnte man nicht so etwas im Sinn haben, weil man Sie bittet, sich dieser Sache so äusserst anzunehmen? Ihr Schwager (*) wäre dessen wohl fähig, und vielleicht ist er nicht einzig. Ueberlegen Sie es wohl, meine theure Gräfin. Mademoiselle v. Tournon kan mit ihrer Schönheit dem König gefallen. Prinz Conde könnte durch seine Geburt und seine Verwandtschaft, die gröste Macht auf ihr Herz haben, und Sie kennen den Grafen Dü Barry allzu gut, um nicht zu beförchten, daß er sich die Herrschaft über seine Sohnsfrau anmassen, und sie

(*) Der Vicomte Dü Barry, von dem hier die Rede ist, ihn zu verheurathen, ist der Sohn des Grafen Johannes, der mit Mad. Dü Barry gelebt hatte.

sie ohnfehlbar zu Ihrem Untergang mißbrauchen werde, oder Sie wenigstens mehr denn jemals unterm Daumen zu halten. Wenn Sie ohnerachtet aller dieser Vorstellungen, dennoch die Gefahr laufen, und es drauf ankommen lassen wollen, so ist es wenigstens höchst nöthig, dem Prinz Conde den Eintritt ins Conseil zu verwehren. Ueberdas, daß er darburch die Vortheile, die er von dieser Heurath zieht, vermehrt, sind wir nicht mehr über die Deliberationen Meister; er würde allzu mächtig werden, und an die Spize der Verwaltung des Königreichs gelangen. Um ihn nicht abzuweisen, so bereden Sie Seine Majestät, daß Er ihm Hofnung mache, ihm diese Gnade nach der Vermählung zu bewilligen, ohne jedoch die Zeit zu bestimmen, oder sich durch ein ausdrükliches Versprechen zu binden. Was die Bezahlung seiner Schulden und den Kauf seines Hotels betrift, so können Sie ihm diese Gnade leicht bewirken. Sie kan ihn befriedigen, ohne irgend eine Folge für

Sie nach sich zu ziehen. Leben Sie wohl, meine schöne Gräfin, überlegen Sie, daß ich Ihnen hier nichts anders als die Folgen von den beyden Partheyen, die Sie ergreifen sollen, vorstelle, ohne Ihnen zu rathen; mithin gehe es wie es wolle, so haben Sie mir keine Vorwürfe zu machen. Ich bin immer mit der gleichen Freundschaft,

Ihr ꝛc.

Dúc von Aiguillon.

CXII. Brief.

An Prinz von Soubise.

Herr Prinz!

Ich bin so glüklich gewesen, den König dahin zu bringen, daß er das Hotel des Prinzen von Conde gekauft, und ihm die 1500 000 Livres zu Bezahlung seiner Schulden bewilliget hat. Ich hätte gewünscht, das es mir eben so gelungen wäre, ihm den Zutritt in den Conseil zu verschaffen; allein Se. Majestät haben mir

mir gesagt, daß Sie sehen würden, was Sie nach der Trauung zu thun hätten, daß Sie ihm diese Gunst weder ab- noch zusagten. Sehen Sie mein Herr alles was ich mit meiner dringenden Bitte ausgerichtet habe. Wenn Prinz von Conde darauf beharrt, die Heurath der Mademoiselle von Tournon mit dem Vicomte Dû Barry nicht ehnder zu genehmigen, als bis er seinen Zutritt ins Conseil hat, so soll es auch nimmer die Rede, weder von Verbindung noch von irgend einer Gunst mehr seyn. Wir wollen sehen, daß wir dem Vicomte eine Parthey finden, die uns keine solche Unmus macht. Alles was ich bedaure, ist: daß ich Ihre Absicht nicht habe erreichen können. Im übrigen habe ich gethan, was ich vermochte, und Sie können mir keine Vorwürfe machen. Ich bin rc.

Gräfin Dû Barry.

CXIII.

CXIII. Brief.

Von Prinz von Conde.

Es ist mir niemals eingefallen, Frau Gräfin, der Heurath des Herrn Vicomte Dü Barry, Bedingnisse vorzuschreiben; allein ich dachte, daß weil er eine Befreundte von mir heurathen sollte, ich mir bey diesem Anlas, durch Ihr Vorwort Gunstbezeugen ausbitten könnte, die mir so viel schmeichelhafter gewesen wären, weil ich sie Ihnen einzig zu verdanken gehabt hätte. Nehmen Sie Madam meinen lebhaften Dank für die zwo Gnadenbezeugungen, die mir der König auf Ihre Bitte bewilliget hat, an. (*) In Ansehung der dritten, hoffe ich, daß Sie solche nicht aus der

Acht

(*) Prinz Conde, der sehr ehrgeizig ist, hatte in der That diejenigen Absichten, die Dûc von Aiguillon vermuthet hatte, und die er der Gräfin Dü Barry offenbahrte; allein ersterer war nachgebend, aus Forcht das alles fehlschlagen möchte.

Acht lassen, sondern ferner Ihr Bestes beyzutragen, belieben werden. Ich wünschte Sie über diesen Gegenstand zu sprechen; lassen Sie mich, ich bitte Sie, den Tag und die Stunde wissen, wo ich die Ehre haben kan, Sie zu sehen. (*)

Ich bin rc.

L. de B. Prinz von Conde.

(*) Man wird sich nimmer wundern, daß Prinz Conde, von der Gräfin eine gelegene Stunde verlangt hat, wenn man hört, daß er diese Ceremonie beym ersten Besuch beobachtet hat, und daß, als er es beym zweyten unterlies, ihn die Gräfin, damit er künftig wieder seine Schuldigkeit beobachten möchte, sehr lange warten machte, ehe sie ihn vor sich kommen lies. Indessen hatte sie einen Groll gegen ihm, weil er seine Aussöhnung durch den Grafen de la Marche, den der Kanzler regierte, berichtigte, und seine beständige Herablassung, schien Madam Dü Barry zu Verdopplung ihrer Ohnverschämtheit gegen ihn aufzufodern.

CXIV. Brief.
An den Dúc von Aiguillon.

Mit Bedauren, muß ich Ihnen, mein lieber Dúc melden, daß eine Aussöhnung mit der Königl. Familie nicht so, wie ich mir schmeichelte statt haben wird. (*) Ich kan mich auf Madam von Narbonne beruffen, welche die Unterhandlung die sie übernommen, sehr gut geführt hat. Sie hatte Madam Adelheid beredt. Da diese ein mal auf der Seite war, zog sie auch ihre Schwester an sich, und war so glüklich nicht nur die Frau Gräfin von Provence, sondern anch sogar, noch Madam la Dauphine zu gewinnen. Aber Herr Dauphin

(*) Madam Dú Barry, war wie man weiß, von dem Herrn Dauphin, seiner Gemahlin und den Prinzessinnen sehr ungern gesehen. Um nun Madam von Narbonne dahin zu bringen, daß sie eine Aussöhnung veranstalte, machte man ihr Hofnung, ihr Mann zum Dúc zu ernennen, und ihm sehr grosse Geldbelohnungen zu bewilligen.

Dauphin stoßte dieses schöne Projekt über den Hauffen, und zeigte sich so hartnäkig, daß man alle Hofnung verlohren hat, ihn zu gewinnen. Sie wissen, daß ich die junge Vicomtesse aufführen soll, ich muß sie zu Ihm bringen; ich förchte diesen Augenblik, und möchte mich dieser Aufführung auf eine anständige Weise entheben. Noch eins, wie geht's mit der Gräfin? Hat man ihr diesen Morgen zu Ader gelassen? Sie können mir dieses alles Morgen sagen. Ich erwarte Sie zum Mittagessen wie Sie mir's versprochen haben. Ich umarme Sie von Herzen.

Gräfin Dü Barry.

CXV. Brief.
An den obigen.

Wohlan! mein werther Düc, habe ich es Ihnen nicht gesagt, daß ich Ursach hätte diese Aufführung zu förchten. Sie können sich nicht vorstellen, wie weit dieser grosse ohngezogene

Bub

Bub (*) seine Ohnhöflichkeit getrieben hat. Als wir bey ihm waren, stund er am Fenster, und that dergleichen, als wenn er mit Hinaussehen beschäftiget wäre, und obschon man uns angemeldt hatte, blieb er dennoch in dieser Positur stehen. Meine Nichte ist über dieses Betragen sehr betretten gewesen; allein sie ist durch die besondere Achtung, die der König für sie hat, hinlänglich schadlos gehalten. Sie gefällt Ihm so sehr, daß es mir Unruhe macht. Indessen lasse ich mich's nicht merken, aus Forcht Sr. Majestät zu mißfallen. Ueberdas weiß ich, daß wenn ich üble Laune zeigte, ich bey ihm einen Hang vermehren würde, der allem Anschein nach vorübergehend seyn wird. Ich bin noch nicht gewiß, ob nichts Ernsthaftes unter ihnen vorgeganaen ist. Ich werde thun, als wenn ich über alles durch die Finger sähe; ich hoffe aber, mein lieber Duc, Sie werden mir helfen die Sachen geheim zu halten. Sie wissen, wie nothwendig dieses

zu

(*) Der Herr Dauphin.

zu Beybehaltung meines Ansehens ist. Ich bin froh, daß die Düchesse wieder hergestellt ist; sagen Sie ihr, daß ich sie so sehr als Sie liebe.

Gräfin Dü Barry.

CXVI. Brief.

An den Düc von Aiguillon.

So eben vernehme ich, mein werther Düc, daß sich mein Mann mit dem Parlement von Toulouse, bey Anlaß eines Aufstands, in welchem er eine Rolle spielen wollen, (*) abgeworfen habe. Ich bin noch nicht recht von dem

(*) Graf Wilhelm, der damals in Toulouse war, ließ sich's einfallen, bey dem Aufstand, der daselbst über die Theure des Brods entstund, eine Rolle zu spielen. Eines Tags, als die Gährung unter dem Volk sehr groß war, hielt er eine Rede an selbiges, unterstund sich ohngeheissen, im Namen des Königs Versprechungen auszutheilen, und mit den Meutmachern zu kapitulieren. Das Parlement nahm dieses übel auf. Es gien-

dem Hergang berichtet. Erkundigen Sie sich, was daran ist, und machen Sie bey diesem Anlaß die nöthigen Vorkehrungen. Wir haben ihn von hier entfernt, nur damit seine garstige Aufführung nicht so auffalle. Er kan nicht anderst, als uns allenthalben wo er ist, in Verlegenheit sezen. Ich wünsche Ihnen einen guten Abend.

Gräfin Dü Barry.

CXVII. Brief.

Von Herrn von Boynes, Minister des Seewesens.

Frau Gräfin!

Die Unzufriedenheit, die mir der König gestern zeigte, macht mich über alle Massen ohnruhig.

gen Stimmen, ihn in Verhaft zu nehmen; allein die Gunst hatte die Oberhand. Man begnügte sich, ein Memorial über das was sich zugetragen hatte, nach Hof zu schiken. Die Sachen waren von keinen Folgen.

ruhig. Es war so zu sagen blos auf Befehl des Herrn Dücs von Orleans, daß ich mich zu dem Schritt gebrauchen liesse, welcher zu dem Auftritt, (*) worvon Sie Zeuge waren, Anlaß gab. Kan ich hoffen, Madam, daß Sie Se. Majestät dahin zu bringen geruhen, daß Er

(*) Düc von Orleans, hatte Herrn von Boynes den Auftrag gegeben, ein Memorial über die Wiedereinsezung des Parlements aufzusezen, welches nothwendiger Weise die Entfernung des Herrn von Maupeou, an dessen Stelle Herr von Boynes trachtete, nach sich ziehen sollte. Er war geschikter als alle andere, zu diesem Geschäft, weil er mit Herrn Kanzler an dem Sturz dieser Magistratur arbeitete. Als das Memorial fertig war, begaben sich beyde verstohlner Weise zu Madam Dü Barry, und trugen ihr an, den König um die Vollziehung eines Projekts zu bitten, welches, wie sie sagten, jedermann angenehm seyn würde. Die Favoritin sagte, indem sie Sr. Hoheit an den Bauch klopfte, in dem gewöhnlichen vertrauten Ausdruk: „Diker Papa, Sie wissen, daß ich

Er mir seine Huld, wormit Er mich beehrte, wieder schenkt? Ich hoffe selbige wegen dem Eifer, den ich immer für seinen Dienst hatte, zu verdienen. Mein Dank soll eben so groß als meine Ehrfurcht seyn, mit welcher ich bin rc.

Bourgeois von Boynes.

„mich nicht in Staatssachen mische.“ Düc von Orleans sezte in sie, und fiel der Gräfin fast zu Fusse, welche endlich die Vorlesung des Memorials gestattete. Nun kam der König darzu, und Düc von Orleans riß dem Minister das Memorial sogleich aus den Händen, um es in die Tasche zu schieben. Seine Majestät, da Er eine Veränderung auf dem Gesicht seiner Maitresse wahrnahm, wollte die Ursache davon wissen, und sie gestund Ihm alles, was vorgegangen war. Auf dieses hin sagte der Monarch zum Düc von Orleans: „Mein Vetter! wenn sie wollen, daß „wir gute Freunde bleiben, so mischen sie sich „nicht in diese Händel.“ Hernach wandte er sich an den Minister: „Und sie, Herr von Boynes, „mich wundert es, sie hier anzutreffen, das ist „nicht ihr Ort, gehen sie hinaus. Was sie be-

CXVIII. Brief.

Von dem Dúc von Orlean.

Ich bin ganz sicher, Madam, wenn unsere lezte Zusammenkunft nicht gestört worden wäre, weit entfernt, zu sagen, daß Sie sich nicht in das Parlementsgeschäft mischen wollen, wären Sie vielmehr die Erste, selbiges zu schüzen, und seine Rechtfertigung, nebst den Wünschen von ganz Frankreich, für seine Rükkehr vor den Thron zu bringen. Der Plan, den ich Ihnen vorzulegen gedenke, soll alle Menschen befriedigen, ohne einen einzigen ungehalten zu machen. Ein einziger Mann hätte bey

„trift, meine liebe Freundin, sagte er zu Madam „Dú Barry, so bin ich ihnen für ihren Widerstand verbunden: ich sehe wohl, daß sie das Kom„plot mit keinem Finger berühren.“ Nach diesem Auftritt schrieb nun Herr von Boynes an Mad. Dú Barry, um die Ungnade, die ihm drohte, abzuwenden.

bey dieser Vermittlung zu verlieren, und dieser ist ein eben so grosser Feind von Ihnen, als er ein Feind des Staats ist. (*) Da es zu viel Zeit wegnähme, Ihnen in diesem Brief Auskunft zu geben, so würden Sie mich verpflichten, wenn Sie mir einen Tag bestimmten, wo ich mit Herrn von Boynes zu Ihnen kommen, und einige Augenblike über diesen Gegenstand raisonniren könnte. Ich bin überzeugt, daß Sie nach dieser Zusammenkunft, nicht nur meine Ideen annehmen, sondern mir noch sogar helffen werden, dem König seinen Wahn zu benehmen. Es kann eine Zeit kommen, Madam, wo Sie mir Dank wissen werden, daß ich Ihnen Gelegenheit verschafte, etwas zu einer Revolution beyzutragen, wornach sich alle rechtschaffenen Einwohner sehnen, und deren Erkenntlichkeit Ihnen schmeicheln, und Ihnen eben so wie die Stüze der Tribunalien, die Ihnen Ihre Wiedereinsezung zu verdanken haben, nüzlich seyn wird. Ich bin ꝛc.

Ludwig P. Dúc von Orleans.

(*) Herr Kanzler.

CXIX. Brief.

An den Düc von Orleans.

Sie wissen, welche Abgeneigtheit ich habe, mich in solche Sachen zu mischen, wie diejenigen sind, die Sie mir antragen. Ich zweifle, ob Sie mich für die Sache so einnehmen werden, wie Sie zu vermuthen scheinen. Allein da ich Sie nicht wider den Kopf stossen will, so will ich Sie morgen um sechs Uhr erwarten. Sie sehen, daß ich Euer Hoheit nichts abschlagen kan. Ich hoffe, daß Sie meiner Gefälligkeit eingedenk seyn werden, und bin ꝛc.

Gräfin Dü Barry.

CXX. Brief.

An den Düc von Orleans.

Monseigneur!

Das was sich zugetragen hat, hat Ihnen sicher einen üblen Begriff von meiner Aufrichtigkeit gemacht, und Sie denken vielleicht, daß mein Betragen bey diesem Anlaß, mit dem König verabredet gewesen seye. Wenn meine Begierde, Sie mit Sr. Majestät auszusöhnen, nicht hinlänglich war, Ihren Zweifel zu heben, so wird Ihnen die blosse Vorstellung von dem, was vorgegangen ist, keinen zurüklassen. Aus Flatterhaftigkeit einer meiner Kammerfrauen, hat man die Ohngeschiklichkeit begangen, mir Ihren Brief vor dem König zu übergeben. Da ich sahe, daß er von Ihnen war, wollte ich ihn zu lesen verschieben; allein Se. Majestät begehrte, Ihm selbigen zu zeigen. Er war sehr ungehalten, als Er ihn gelesen hatte. Er befahl mir gleich, Ihnen die begehrte Zusammenkunft abzuschlagen; allein nach einem langen Stillschweigen sagte Er mir: „Nach genauer Ueberlegung — gestatten Sie dem Düc „von Orleans auf morgen den Besuch; ich „werde darbey seyn ohne gesehen zu werden, „und mich so placiren, daß ich das was er „Ihnen zu sagen hat, ich stehen kan. Antworten

„worten Sie ihm auf der Stelle, und melden „ihm beyleibe nichts darvon.“ Ich konnte nicht anderst als gehorchen. Der König hat mir selbst den Brief diktirt, (*) und folglichen hat Er Ihnen einzig die Falle gelegt. Vergebens habe ich alles Mögliche angewandt, um Sie heraus zu ziehen. Ich hoffe dahero, daß wir nicht weniger gute Freunde seyn, und mir der dike Papa deßwegen nicht übel an seyn werde. Ich bin 2c.

Gräfin Dü Barry.

(*) Der König kam, nachdem er den Diskurs des Dües von Orleans mit angehört hatte, zum Vorschein, bezeugte ihm seinen Unwillen, und bedrohte ihn sogar mit der Ungnade, wenn er drauf bleiben würde, dergleichen Zeug in Bewegung zu bringen. Der Düc antwortete dem Monarchen, daß diese Ungnade gewiß ein grosses Unglük wäre, allein daß er sie mit Standhaftigkeit ertragen würde, zu Verfechtung des Publikums, das er nicht verlassen könnte. Es war ein Glük, daß Mad. Dü Barry so viel vermochte, daß sie zwischen Sr. Majestät und dem Prinzen gleich wieder Frieden machen konnte.

CXXI. Brief.
Vom Grafen Dú Barry.

Ich hofte, meine liebe Schwägerin, daß Sie mir nach der Trauung meines Sohns mit Mademoiselle von Tournon, die zehntausend Louisd'ors, die ich von Ihnen begehrte, würden sehen lassen; denn Sie wissen, daß die zwanzigtausend, die mir bewilliget wurden, nur zu Bezahlung der Spielschulden waren, und daß mir nichts darvon übrig geblieben ist. Allein jezt muß man mir eben so viel zum Hochzeitgeschenk wegen der Heurath des Kabaliers (*) mit Mademoiselle von Fümel geben, wenn sie wirklich statt hat, denn ich förchte, es dörfte nichts daraus werden. Es scheint, dieses Frauenzimmer wolle sich ohnerachtet aller Huld, wormit sie der König überhäuft, sehr ungern darzu verstehen. Die Verwandtschaft widersezt sich, daß der Kavalier den Namen und das

(*) Dieser Kavalier war der Bruder des Grafen Dú Barry.

das Wapen der Fümel führe, und dieses war doch schon unter ihnen ausgemacht; mit einem Wort, es dünkt mich, diese Leute kommen nur deßwegen mit Schwierigkeiten hervor, um Zeit zu gewinnen und um die Sache scheitern zu machen. Da uns nun daran gelegen ist, daß sie zu Stand komme, so machen Sie, daß der König, der sich schon in selbige gemische hat, die Beendigung derselben betreibe. Ein Wort von dem Monarchen wird alle Hindernisse heben. (*) Ich bin, meine liebe Schwägerin, ganz der Ihrige.

Graf Dü Barry.

(*) Der König hatte sich wirklich darein gemischt. Er hat dem Kavalier Dü Barry fünfmal hunderttausend Livres Aussteuer gegeben, um damit die liegenden Güter von sechszigtausend Livres Einkünfte, die der Vater der Madem. von Fümel seiner Tochter, zum Brautschaz gab, von Schulden zu befreyen. Man gab noch dem Bräutigam die Anwartschaft auf le Chateau-Trompette, welches Herr von Fümel immer hatte. Der Kavalier ließ sich hernach Marquis Dü Barry nennen.

CXXII. Brief.

An den Grafen Wilhelm Dů Barry.

Die ganze schöne Erzehlung, die Sie uns machen, gleicht fürwahr einer Fabel, die Sie selbst erfunden haben, um Ihre Rükkehr nach Paris ohnerachtet Ihrer Versprechungen und den erhaltenen Befehlen zu entschuldigen. (*) Wenn ich nun über diesen Schritt durch die Finger sehe, so sollen Sie wissen, daß es nur unter der Bedingniß ist, daß man nichts von Ihnen reden höre, sonst würden Sie mich nöthigen, keine Rüksicht mehr zu haben.

Gräfin Dů Barry.

(*) Er hatte eine Geschichte, die er in der That selbst geschmiedet hatte, zum Grund seiner Rükkehr angegeben. Er sagte, daß er einen Brandzettel erhalten, in welchem man ihm verdeutet hätte, 500000 Livres an einen gewissen bestimmten Ort zu legen; daß da er auf diese Drohung gar nicht geachtet habe, wäre man ihm noch nachdrüklicher und umständlich darauf andringend gekommen, worauf er nimmer länger zu Toulouse hätte bleiben können.

CXXIII. Brief.

Von Herrn von Voltaire.

Ferney den 3. Jenner 1774.

Madam!

Herr de la Borde sagte mir, Sie hätten ihm befohlen, mich in Ihrem Namen auf beyde Wangen zu küssen.

Quoi! deux baisers sur la fin de ma vie!
Quel passeport vous daignez m'envoyer.
Deux, c'en est trop! Adorable Egérie;
Je serois mort de plaisir au premier.

(d. i. Wie! zween Küsse auf das Ende meines Lebens! Was für einen Geleitsbrief geruhen Sie mir nicht zu überschiken! Zween das ist zu viel, liebenswürdige Egeria, (*) ich wäre am ersten aus Wollust gestorben.)

Er hat mir Ihr Portrait gewiesen. Zörnen Sie nicht, daß ich die Freyheit genommen,

(*) Die Nymphe Egeria inspirirte Numa, den weisen Gesezgeber der Römer, und Herr von Voltaire giebt aus Fuchsschwänzerey, die man nicht

men, und ihm die zween Küsse zurükgegeben habe.

Vous ne pouvez empêcher cet hommage,
Foible tribut de quiconque a des yeux.
C'eſt aux mortels d'adorer votre image,
L'original étoit fait pour les Dieux.

(d. i. Sie können diese Huldigung, die ein schwacher Tribut eines jeglichen, der sehen kan, ist, nicht hindern. Denen Sterblichen kömmt es zu, Ihr Bildniß zu verehren, das Original war für die Götter geschaffen.)

Ich habe von Herrn de la Borde einige Stellen aus der Pandore gehört. Sie scheinen mir Ihrer Protektion würdig zu seyn. (*) Die

zu benennen weiß, zu verstehen, daß Mad. Dü Barry auch den König in allem, was er über die Gesezgebung verfügte, inspirirt habe.

(*) Herr de la Borde, Kammerdiener des Königs, von welchem in diesem Brief die Rede ist, hatte zum Text der Pandore, die Herrn von Voltaire zum Verfasser hat, die Musik gemacht. Herr

Die Talente huldreich aufzunehmen, ist das einzige, welches Ihr Glanz, in dem Sie schimmern, erhöhen kan.

Geruhen Sie, Madam, die tiefe Ehrfurcht eines einsamen Greisen anzunehmen, dessen Herz fast kein anderes Gefühl mehr als dasjenige der Erkenntlichkeit hat 2c.

von Voltaire.

CXXIV. Brief.

An Herrn von Voltaire.

Nichts ist hübscher und angenehmer, mein Herr, als der Brief den ich von Ihnen erhalte. Ich dachte wohl, daß mir die Komission, die ich Herrn de la Borde auftrug, diese schmeichelnde Erhebung von Ihnen verschaffen würde. Ich will sie der Vergötte-

rung

von Voltaire, der immer im Spiel seyn will, wollte sie unter dem Schuz der Mad. Dú Barry aufführen lassen.

rung du Roi Petaud (*) (wird von dem gesagt, unter dem alles unordentlich zugeht, und man nicht weiß, wer Koch oder Keller ist) beysezen. Diese beyden Stüke, miteinander vereint, werden Ihnen in den Augen des Publikums und der Nachkommenschaft, zur Rechtfertigung der Vorwürfe dienen, die man Ihnen durchgehends macht: daß Sie partheyisch seyen, und sich widersprechen.

Ich bin ꝛc.

Gräfin Dú Barry.

(*) Es ist zu wissen, daß Herr von Voltaire im Anfang der Erhöhung der Mad. Dú Barry eine Piece Vers machte, in welchem er in sehr höhnischen und unzüchtigen Ausdrüken von dem König und seiner Favoritin redte. Er mußte hernach über den Brief an Mad Dú Barry, den ihm die allerniederträchtigste Schmeicheley eingab, und über ihre Antwort nicht wenig gedemüthiget werden. — Dergleichen war der Alte von Jugend auf schon gewohnt, und hätte dahero ehender den Namen der Ohnverschämte, statt der Philosoph von Ferney verdient.

CXXV. Brief.
An Herrn von Maupeou.

Ich befremde mich sehr, daß das Pâtent für Zamore (*) welches schon seit gestern in Ihrem Bûreaux liegt, noch nicht gesiegelt ist. Ist diese Nachlaßigkeit eine Wirkung des Eifers,

(*) Dieser Zamore, war ein kleiner Neger, den Madam Dú Barry sehr liebte. Die Vertraulichkeit, die er sich durch die übertriebenen Liebkosungen seiner Gebieterin, bey ihr herausnahm, machte, daß einige Bösgesinnten sagten, sie hätte ihn mehr als zu einem Gebrauch. Dem seye wie ihm wolle, dieser Neger belustigte öfters den König, welcher seiner Maitresse zu gefallen herablassend genug war, um sich mit ihm abzugeben. Die Favoritin machte sich einsten die gute Laune des Monarchen zu Nuze, um Ihm zu verdeuten, daß er diesem Bürschgen, in Rüksicht auf das Vergnügen, das er Ihm mache, eine Gnade wiederfahren lassen sollte. "Es bleibt dabey, versezte er, ich mache ihn zum Hofmeister vom

sers, womit Sie für den Dienst des Königs prahlen? Ich dächte Sie wären weit eilfertiger, Ihren Herrn zu bedienen. Mein Herr, ich zähle darauf, daß die Sachen heute beendiget werden, sonst würden Sie mich nöthigen, Sie bey dem König zu verklagen.

Ich bin ꝛc.

Gräfin Dü Barry.

CXXVI. Brief.

An den Düc von Aiguillon.

Jezt, mein lieber Düc, ist der Marquis von Monteynard einmal im Ernst weggeschikt worden.

Schloß und Pallast zu Lucienne, nebst 600 Livres Gehalt." Se. Majestät liessen das Patent sogleich ausfertigen, und das was Mad. Dü Barry am meisten darbey belustigte, war die Nothwendigkeit, in der sich der Kanzler befand, das Siegel darauf zu druken. Sie nahm überdas durch seine Verzögerung Anlaß, ihm ihren ganzen Groll, den sie gegen ihn hatte, empfinden zu lassen.

den. (*) Der Befehlsbrief ist unterzeichnet, und er wird ihn in diesem Augenblik empfangen; mithin haben wir keine Rükkehr zu beförchten. Sie werden sehr vergnügt seyn, und ich bin es auch selbst, daß es mir in einer Sache gelungen ist, die Ihnen so angelegen war. Nur der Kanzler bleibt uns noch zu vertreiben übrig; aber dieses wird weit schwerer halten. Der König ist so vergnügt, daß Er nicht mehr von denen Schwarzröken angegangen ist, daß Er sich mehr als ich es gern sahe, an denjenigen attaschierte, der Ihn von ihren Vorstellungen befreyt hat. Zeichnen Sie mir, mein lieber Düc, den Plan vor, den ich befolgen muß, um den König von seinem Wahn herum zu holen, und ich werde Ihren Rath blindlings

(*) Man verwunderte sich, daß dieser Minister so lange aushielt. „Er muß wohl unterliegen, „sagte einst der König, ich bin der einzige, der „ihn hält.“ Düc von Aiguillon war gleich hernach zum Kriegsminister ernannt.

lings befolgen. Aber allererst müssen wir uns mit etwas dringenderm und wichtigerm abgeben, nemlich mit der Kriegsministerstelle. Ich will durchaus, daß Sie selbige haben sollen, und werde dahero auch alle Mittel anwenden. Indessen umarme ich Sie, und bin ꝛc.

Gräfin Dü Barry.

CXXVII. Brief.

Von dem Düc von Aiguillon. (*)

Ich sehe, meine werthe Gräfin, daß es ohnnöthig ist uns in den Kopf zu sezen, den König von dem Mangelhaften in der Amtsverrichtung des Kanzlers zu bereden; wir werden nicht

(*) Abe Terray arbeitete gemeinschaftlich, den Kanzler springen zu machen. In Erwartung der Gelegenheit, ihn zu Boden zu drüken, entzog er ihm ohnvermerkt seine Kreaturen, und brükte auf alles, was ihn umgab. Er hatte bereits eine Bestallung als Kammergüter-Inspektor, die der

nicht auslangen. Es braucht eine andere Wendung, durch welche wir ebenfalls zu unserm Zwek gelangen. Thun Sie dergleichen, als wenn Sie sich für die Meynung Sr. Majestät begriffen hätten; allein trachten Sie Ihm nach und nach beyzubringen, daß Er, so lange Herr von Maupeou am Posten bleiben würde, niemals

Kanzler für den le Brun, seinen Sekretair und Vertrauten, erhalten hatte, durch einen Spruch des Conseils unterdrükt. Der Haß des Herrn von Maupeou, gegen diese beyden Minister brach so heftig aus, daß niemand an der Mißhelligkeit, die sie uneins machte, zweifeln konnte. Er suchte ihnen alles Verdrießliche, der durch ihn bewirkten Revolution über den Hals zu richten. Wenn man ihn um die Entlassung oder Zurükberufung eines Exilirten bat, schien er allen Antheil an ihrem Schiksal zu nehmen, und versicherte, daß sein Rath gewesen seye, die Befehlsbriefe aufzuheben; zulezt sagte er, daß man diesen Unstern, worüber man sich beklage, dem Abe Terray zu-

mals aller Vortheile geniessen würde, die Er sonsten von seinen Verrichtungen ziehen könnte. Sie können einen Grund anführen, dessen Beweis evident ist, nemlich der offenbare Haß, den alle Prinzen, die Pairs und das Publikum gegen diesen Mann haben. Ich meines Orts werde alle Gelegenheiten ergreifen, Sie zu unterstützen, sein Betragen auszuspähn, und ihm so viele Fallstrike zu legen, daß ich nicht zweifle, er werde uns bald neue Waffen wider ihn in die Hände liefern.

Ich bin ꝛc.

Dúc von Aiguillon.

schreiben soll. „Diesem Mandrin, der gerne die „Pistole auf die Brust sezte, um die Finanzen „zu vermehren.“ Und dem Dúc von Aiguillon, „diesem Despoten, der alles umbringen und alles „fressen möchte.“ Da er sahe, daß es ohnmöglich war, diese beyden nebst der Favoritin an sich zu ziehen, suchte er sich die Königl. Familie gewogen zu machen. Zu diesem muste er sich äusserlich als ein ehrlicher Mann stellen, und bisweilen darnach handlen. Er spielte diese Rolle,

CXXVIII. Brief.
An Herrn von Boynes.

Sie werden mich verpflichten, wenn Sie das Begehren des Herrn von Abbadie, (*) Ueberbringer dieses Billets, geneigt anhören. Sie haben

obschon sie ihm fremd war sehr gut, und trieb die Verstellung so weit, daß er um einen Zutritt bey Madam Louise zu haben, der Fromme machte. Endlich zog er wider die Verdorbenheit aller derer los, welche niederträchtiger Weise unter einem Weibsbild ohne Scham und Sitten, die Kriechenden machten, durch diese beständigen Neckereyen gelang es ihm, die Königl. Kinder mehr dann jemals wider die Favoritin und ihre Anhänger zu erbittern. Die Sachen wurden so weit getrieben, daß der König, dem ihre Verachtung zu Herzen gieng, vor Gram ausrief: „Ich sehe „es wohl, meine Kinder lieben mich nicht mehr!“

(*) Herr von Abbadie, Kommissarius des Seewesens, der niemals zur See gedient hatte, ließ

haben zween seiner Mitbrüder das St. Ludwigs-Kreuz gegeben; nun möchte er die gleiche Gunst geniessen, und ich werde Ihnen Dank wissen, wenn Sie es ihm auf meine Empfehlung hin bewilligen.

Ich bin ꝛc.

Gräfin Dü Barry.

CXXIX. Brief.

Von dem Düc von Aiguillon.

Ich weiß nicht, meine theure Gräfin, was Sie für einen Grund haben, sich jezt mit sol-

cher

sich's einfallen, sich gleich vielen andern der Macht der Favoritin zu bedienen, um Gunstbezeugungen zu erlangen. Er kam mit einem Papageyen, den er Mad. Dü Barry überreichte, nach Paris. Sie fand den Vogel schön, und daß er wohl ein St. Ludwig Ordenskreuz verdiene. Die Leichtigkeit des Ministers, diese Gunst zu bewilligen, ist ein Beweis, wie sehr er von der Favoritin abhieng.

cher Wärme des Prinzen von Conde anzunehmen. Ich werde jedoch, weil Sie es verlangen, mich nicht widersezen, daß der König ihm zu Gunsten die General-Feldzeugmeisterstelle der Artillerie wieder einführe, ja ich werde Sie sogar bey Sr. Majestät, wenn Sie es nöthig finden, unterstüzen. Nichtsdestoweniger zweifle ich sehr, ob Sie mit diesem Geschäft aufkommen werden, denn ich weiß, daß der Herr Graf von Provence um diese gleiche Gnade angehalten hat. (*) Ich bin rc.

Dúc von Aiguillon.

(*) Dúc von Aiguillon hatte eben so wenig Lust, als der Marquis von Monteynard, die Artillerie aus seinem Departement entwischen zu lassen. Allein da er weit feiner als sein Vorfahr war, so vermochte er, um weder den König noch die Favoritin wider ihn aufzubringen, den Grafen von Provence, diese Stelle für sich auszubitten. Er kannte den ohnschlüßigen Karakter des Königs so gut, daß er sicher war, daß Se. Majestät in der Verlegenheit, in welche Ihn diese beyden Mit-

CXXX. Brief.
Von Herrn Dorat.

Madam!

Ich vernehme mit vielem Gram, daß man mir Verse zur Last legt, über die ich nicht genug mein Mißfallen äussern kan. Man versichert mich, daß Ihnen eine Piece zugekommen seye, die den Titul führt: Epitre à Margot, und daß man schwarz genug gewesen sey, mich bey Ihnen als Verfasser darvon zu beschuldigen. (*) Es seye wie ihm wolle, Madam, diese Schrift verdient Ihren ganzen Unwillen.

werber sezten, Er diese Stelle niemand geben würde. Die Sache gieng auch wie sie der Düc vorsah, ohne daß ihn weder der König noch die Maitresse deßwegen übel an seyn konnten.

(*) Herr Dorat ist in der That Verfasser dieses Schreibens, an Margot, welcher sich aber im französischen Original nicht befindet. Herr Dorat machte aus Forcht vor der Bastille eine Widerrufung, die aber das Original nicht werth war.

willen. Wenn ich als ein Gelehrter einige Ansprache auf Ihre Gewogenheit hätte, so würde ich Sie bitten, allem aufzubieten, um den Strafbaren zu entdeken; Sie würden bald gerochen, und meine Rechtfertigung vollkommen seyn. Ich bin ꝛc.

Dorat.

CXXXI. Brief.
Von dem Chevalier von Morande.

Madam!

Da ich nun in einem Land lebe, wo die Menschen keine Verzicht auf das Denken gethan haben, und wo sie sich ohne die geringste Gefahr nach ihrem Gutdünken darinnen üben können, so darf ich Ihnen frey heraus sagen, daß ich der Verfasser einer kleinen Brochüre bin, die den Titul führt: Le Gazettier Cuirassé. Wenn dieses Heft, welches Ihnen sicher zugekommen ist, Sie auf einen Augenblik hat belustigen können,

können, so kan ich mir etwas darauf zu gut thun, selbiges herausgegeben zu haben. Ihr Beyfall ist einer von denjenigen, die mich am meisten schmeichlen sollen. Ich bin auf dem Sprung, eine andere Arbeit druken zu lassen, welche zum Titul hat: Memoires secrets d'une Femme publique, ou Essais sur les Avantures de Madame la Comtesse Du Barry, depuis son berceau jusq'au lit d'honneur. d. i. Geheime Nachrichten eines öffentlichen Weibsbilds, oder Versuche über die Begebenheiten der Frau Gräfin Dú Barry, von der Wiege an, bis ins Bett der Ehren. Ich denke, Madam, daß wenn ich schon nicht den zweyten Abschnitt dieses Tituls beyseze, es Ihnen ein Leichtes seyn werde, sich gleich am ersten zu erkennen. Diesem seye wie ihm wolle, so dachte ich Ihnen Nachricht von meinem Vorhaben zu geben, ehe ich es ausführte; denn Sie haben bey einigen Gelegenheiten einen entscheidenden Geschmak für die Künste und Wissenschaften gezeigt, und da könnte es wohl seyn,

daß

daß Sie einzig ein Manuscript besizen möchten, welches ich interessant zu machen getrachtet habe, und welches Ihnen von grossem Werth scheinen könnte. Dieser Einfall würde Sie nicht mehr als fünfzig tausend Livres kosten. Es dürfte Ihnen etwas theuer vorkommen, indessen ist dieses kein übertriebener Preis; denn Sie können nicht glauben, Madam, was für Unkosten ich mit Anschaffung aller nöthigen Subsidien gehabt habe. Die letzten Anekdoten Ihres Lebens haben mich hauptsächlich viel gekostet. Ich war genöthiget, die Auskunft über Ihren geheimsten Zeitvertreib mit Sr. Allerchristl. Majestät; über die List, mit der Sie Ihre Aufseher zu hintergehen wissen, um sich der Entnervung des Königs mittelst Ihres guten Freunds Dúc's von Aiguillon, zu entschädigen, oder Mangel seiner, durch den kleinen Zamore, der Ihnen diente, die Abhandlungen Aretin's ins Werk zu sezen, und den erfinderischen Geist dieses Italiäners zu übertreffen. Ich war genöthiget, sage ich,

die

die Auskunft oder das Detail über alles dieses mit schwerem Geld zu bezahlen. Mit einem Wort, Madam, sind Sie versichert, daß dieses Werk sehr vollständig ist, und daß es alle erfoderlichen Eigenschaften hat, um des Abgangs sicher zu seyn. Wenn Sie es an sich bringen wollen, so werde ich das Manuscript demjenigen zustellen, der mir obige Summ von Ihnen einhändigen wird; wenn Sie aber nicht gesonnen sind, diesen Einkauf zu machen, so erlauben Sie mir wenigstens, Madam, daß ich es unter Ihrem Schuz erscheinen lasse; ich würde alsdann von der günstigen Aufnahm des Publikums, dem Sie angehörten, vergewissert seyn. Ich dachte diese lezte Gnade in Rüksicht auf die Begierde, die ich habe, Sie zu verewigen, und wegen der Sorgfalt, mit der ich mich an die allergenaueste Wahrheit gewandt habe, zu verdienen.

Ich bin mit tiefer Ehrforcht 2c.

Der Chevalier von Morande.

CXXXII. Brief.

An den Dúc von Aiguillon.

Ich habe aus London, mein Herr Dúc, einen Höllenbrief erhalten. Sie können darvon urtheilen, ich füge ihn bey. Verlieren Sie keinen Augenblik, allem aufzubieten, um den Druk dieser verdammten Libell, der uns droht, abzuwenden. Sie sind eben so wohl darinnen mitgenommen, als ich. Ueber das, was mir der Verfasser in seinem Brief verdeutet, bin ich überzeugt, daß wenn er nur den mindesten Verdacht von Ihrer Gemeinschaft mit der Vicomtesse Dú Barry hat, er desen sicher, als eines Umstands, der nicht der ohninteressanteste Ihres Lebens ist, erwehnen wird.

Ich bin, mein Herr Dúc, Ihre rc.

Gräfin Dú Barry.

CXXXIII.

CXXXIII. Brief.
Von dem Dûc von Aiguillon.

Ich habe, meine werthe Gräfin, den Englischen Gesandten bereden wollen, in Ansehung des Morande an seinen Hof zu schreiben; allein er hat mir verdeutet, daß es ohnnüz wäre, weil der König gewiß nichts wider die Freyheiten der Englischen Nation verfügen würde; überdas hat er mir sehr gut vorgestellt, daß dieser Mann einem hungrigen Hund gleiche, dem man ein Bein hinwerffen müsse, um ihn zu besanftigen. Indessen habe ich mich zu etwas anderm entschlossen, und nebst einigen Gerichtsbedienten einen Mann (*) abgeschikt

(*) Dûc von Aiguillon, hatte den Herrn Bellanger, nach Londen abgesandt, einer dieser Avantüriers, die, weil sie nichts zu verlieren haben, alles wagen, und der in allen Spielgelaagen sehr wohl bekannt war. Seine Spiesgesellen waren Gerichtsschergen, als Receveur, Cambert und Finet rc. Diese Hinderlistigen, suchten mit Mo-

schikt, den ich zu Erreichung meiner Absichten, tauglich erachte. Ich wünsche daß es ihm gelinge. Ich glaube, daß Sie mir, meine schäzbare Gräfin, seit unserer letsten Auskunft, keine Vorwürfse machen können. Seyn Sie

rande Vertraulichkeit, um sich seiner zu bemächtigen, und ihn mit List nach Frankreich zu liefern. Dieser aber der feiner als sie war, und sie kante, stellte sich an, als ob er nichts von ihrer Absicht merkte. Er erwies ihnen Freundschaft und entlehnte von einem jeden 30 Neue Louis d'ors. Hernach zog er die Sturmgloke wider sie an, und diese Spionen, die unter dem Englischen Pöbel grossen Verdacht erwekten, waren genöthiget sich sorgfältig zu verbergen, und die erste beste Gelegenheit zu ergreifen, um wieder das Meer zu passiren.

Düc von Aiguillon, sandte nachher Herr Bredau von Chemilli Schazmeister der Marechaussees, unter dem Vorwand Pferde aufzukaufen, nach England ab. Er hatte den Auftrag 40000 Livres für das Manuscript, anzubieten; allein es ward nichts aus dem Handel. Endlich nahm es Caron

Sie versichert, daß das was Sie mein emsiges Bemühn, um die junge Vicomtesse heissen, sich immer auf die Wohlanständigkeit, und Hochachtung beziehn wird, die ich ihrem Rang den sie hier bekleidet, der Verbindung die sie geschlossen hat, und der Huld, womit sie der König beehrt, schuldig bin.

Ich bin stets ꝛc.

Duc von Aiguillon.

CXXXIV.

von Beaumarchais auf sich, und berichtigte es vermittelst grossen Aufwands. Er gab Morande 50000 Livres baar, und sezte ihm im Namen der Franz. Regierung unter Gewährleistung des Chevalier von Vandek Banquier in London ein Jahrgehalt von 200 Pfund Sterlings vest; wovon die Hälfte nach seinem Tod, auf sein Weib kommen sollte.

Durch dieses Mittel kam das Werk nicht zum Vorschein, und man versichert sogar, daß es niemals ganz gedrukt worden seye.

CXXXIV. Brief.
Von Herrn von Beaumont, Erzbischof von Paris.

Den 15. Jenner 1774.

Madam!

Es ist meine Amtspflicht, die meiner Sorge anvertrauten Personen zu erleuchten, und alle Mittel zu versuchen, welche eine von der Klugheit geführte Liebe einflössen kan, um die von dem Weg der Wahrheit Abgewichenen, wiederum in selbigen zu leiten. Sie können nicht denken, Madam, daß ich der Einzige seye, dem das Aergerniß, welches leider nur allzu offenbar ist, ohnbekannt seye. Wenn mich die Abweichungen eines privat Menschen kränken, urtheilen Sie, wie groß mein Schmerz seyn müsse, wenn ich an diejenigen denke, zu welchen sie einen Fürsten verleiten, der wegen seinen in allen Absichten grossen Eigenschaften preißwürdig ist. Ihr Triumph ist in den Augen der Welt ohnstreitig sehr schmeichelnd, ja ich gestehe sogar, daß es wenige Personen giebt, deren Tugend standhaft genug ist, nicht dardurch geblendet zu werden, und die heldenmüthig genug sind, ihm freywillig zu entsagen. Aber soll ich glauben, daß dieser erhabene Muth über Ihr Vermögen gehe? Wenn Ihre Liebe zum König aufrichtig wäre, würden Sie Ihm nicht einen auffallenden Beweis darvon, dardurch geben, wenn Sie Ihre auf Ihn habende Macht dahin verwenden würden, Ihn auf den Weg des Heils zu leiten, und Ihn darinnen durch Ihr Beyspiel aufzumuntern? Könnten Sie eine ohngezwungene Absönderung von der Welt, welche da sie Sie mit dem Himmel aussöhnte, Sie die reinsten Freuden, die man hienieden schmeken kan, des Friedens mit sich selbst, und der Achtung aller Rechtschaffenen, geniessen liesse, könnten Sie wohl diese als eine schimpfliche Entfernung ansehen? Sie hätten diese mit allem Recht verdient, weil Sie dem Staat seinen König, der Religion ein

ein Christ und einen Beschüzer wieder geschenkt haben würden. Das Verderben des Getümmels, das Sie umgiebt, Madam, mag seyn wie es will, so kan ich mir nicht vorstellen, daß es alles Gefühl der Religion in Ihrem Herzen gänzlich habe erstiken können. Gehen Sie einen Augenblik in selbiges zurük, und wenn Sie bey der Stimme, die sich in selbigem muß hören lassen, nicht taub sind, so zweifle ich nicht, daß meine Wünsche bald erfüllt seyn werden, und daß ich zum Muster einen König seinem Volk vorstellen könne, der an meiner Ehrfurcht und an meiner Ergebenheit an seine Person nicht zweiflen kan. Ich bin 2c.

† Ch. von Beaumont.

CXXXV. Brief.

An Herrn Erzbischof von Paris.

Den 16. Jenner 1774

Monseigneur!

Mit Vergnügen sehe ich Ihre Liebe zum König; allein ich halte die meinige ohnerachtet dessen, das Sie mir sagen, für eben so ächt. Es ist wahr, daß ich sie ihm auf eine ganz andere Art zeige, die vielleicht tauglicher ist, Ihn zu bereden. Ich hätte niemals denken können, daß Sie sich an mich wenden würden, um die Revolution, die Sie gern sähen, zu erzielen. Ihr Eifer würde ohnstreitig das gröste Lob verdienen, wenn er frey von Menschentand wäre. Allein ich kan um so viel begründter ihn für nicht ganz ohneigennüzig halten, als ich die Absicht weiß, die Sie haben, den König mit einer Erzherzogin zu verheurathen; und wenn diese Verbindung durch Ihre Vermittlung zu Stand käme, so ist mir bekannt, daß sie Ihnen sicher grosse Vortheile verschaffen würde. Wenn ich schon noch nicht den nöthigen Muth besize, um Ihre frommen Absichten zu unterstüzen, so will ich Ihnen, Monseigneur, wenigstens gestehen, daß Ihr Brief einen tiefen Eindruk auf mich gemacht hat, diejenigen, denen ich ihn zeigte, mochten mir sagen, was sie wollten. Um mein geängstigtes

ängstigtes Gewissen zu beruhigen, und um mich zu versichern, daß ich nicht so lasterhaft seye, als ich's vermeyne, will man mich glauben machen, daß meine grösten Uebertrettungen nur geringe Fehlergen gewesen wären, wenn ich das Glük gehabt hätte, wie Sie Monseigneur, durch Einen jener erleuchteten Gottesgelahrten (*) geleitet zu werden, welcher vermittelst einer gewissen Direktion des Vorsazes Sie auf die artigste Weise von der Welt mit Madam von Moiran sündigen zu machen gewußt, ohne daß deßwegen Ihre Apostolische Seele, an der Beflekung des Körpers den mindesten Antheil nahm. Mit einem Wort, Monseigneur, obschon ich bey weitem nicht alles verstanden habe, was man mir in Ansehung dieses gesagt hat, so dünkt es mich jedoch, dardurch wahrgenommen zu haben, daß es ein leichteres und meiner Schwachheit angemesseneres Mittel giebt, um den Weg des Heils anzu-

(*) Die Jesuiten.

anzutretten, als das so Sie mir vorgeschlagen haben. Wenn dem so ist, so werden Sie mich verbinden, wenn Sie mir's anzuzeigen belieben, und Sie sollen sehen, daß ich mich alsdann im Ernst mit meiner Bekehrung beschäftigen werde.

Ich bin mit Ehrfurcht, Mnseigneur ꝛc. (*)

Gräfin Dú Barry.

(*) Diejenigen Personen, welchen Madam Dú Barry, wie sie hier sagt, den Brief des Herrn Erzbischof von Paris gewiesen hat, sind vermuthlich eben die, die ihr den Stoff zu ihrer Antwort geliefert haben. Wir sind ganz überzeugt, daß sich bey dem vertrauten Umgang, welch r in der That zwischen Herrn von Beaumont und Mad. von Moiran, Vorsteherin des Spithals der Salpetersiederey, statt hatte, nichts ohnehrbares zugetragen hat. Es ist wahr, daß die Welt sehr arg ist, und anderst darüber geurtheilt hat. Allein wenn's auch Grund hätte, so ist es schon so lange, daß man es hätte vergessen sollen. Das Schreiben Sr. Hochwürden verdiente sicher keine so beissende Antwort, und wir haben erfahren,

CXXXVI. Brief.
Von Herrn von Maupeou.

Paris den 1. Hornung 1774.

Frau Gräfin!

Obschon ich zu allen Zeiten alle mögliche Ehrforcht, die gröste Achtung, und die aufrichtigste Ergebenheit, für Sie gehabt habe; weit entfernt, jemals etwas wider Ihren Nuzen unternommen zu haben, hatte ich mir s im Gegentheil zur Pflicht gemacht, bey allen Gelegenheiten Ihrem Verlangen zuvorzukommen; nichts destoweniger ist man so weit geschritten, mich solchergestalten in Ihrem Herzen anzuschwärzen, um Sie zu vermögen, mich als einen gefährlichen Feind anzusehen, und es zu versuchen, den König dahin zu bringen, daß Er mir das Zutrauen, wormit Er mich beehrt,

daß sie diesen frommen Mann ungemein gekränkt hat.

ehrt, entziehe. Ich weiß es, Madam, und habe deßwegen keinen Haß auf Sie, denn Sie sind hintergangen worden; allein das was mich über alle massen kränkt, ist, daß ich sehen muß, wie Sie blinder Weise Ihr Vertrauen und Ihre Achtung, Personen geschenkt haben, die dessen unwürdig sind. Dúc von Aiguillon, der Ihnen alles zu danken hat, verräth Sie; er will Sie stürzen, und die Freyherrin von Neukerque (*) an Ihre Stelle bringen. Um dieser Dame den Plaz, en er ihr bestimmt, zu versichern, hat er das Projekt gefaßt, sie durch eine geheime Trauung mit dem König zu verbinden. Da ich von dieser Arglistigkeit Nachricht hatte, und mir wohl vorstellen konnte, daß Sie einer so schwarzen Verrätherey kei-

(*) Diese Freyherrin von Neukerque, ist die gleiche Madam Pater, von welcher schon im XC. Brief die Rede war. Damit sie der König heurathen könnte, hatte Dúc von Dúras nebst dem Dúc von Aiquillon ihre Ehescheidung nach protestantischem Gebrauch, mit vereinten Kräften bewirkt.

keinen Glauben zustellen würden, wenn ich meiner Anzeige nicht einen ohnverwerflichen Beweis beyfügte, so habe ich allem aufgebotten, um einen solchen zur Hand zu bringen, und ich war so glüklich, daß es mir gelang. Der Brief von dem Dúc von Aiguillon, den Sie angeschlossen finden, wird Ihnen mehr sagen, als Sie werden wissen wollen. Ich wünsche, Madam, daß Sie treuere Freunde finden möchten. Ich bin ꝛc.

von Maupeou.

Beylag zu obigem Brief.

Von dem Dúc von Aiguillon an die Freyherrin von Neukerque.

Sie erlauben mir, ja Sie fodern mich sogar auf, Madam, Ihnen Rath mitzutheilen. Durch das Zutrauen, das Sie mir bescheinen, gekizelt, werde ich Ihnen mit aller möglichen Aufrichtigkeit antworten.

Das Schiksal einer Maitresse des Königs ist ohnstreitig sehr glänzend; allein glauben Sie mir,

mir, Madam, daß so groß auch die Annehmlichkeiten seyn mögen, so sind sie doch nicht harmlos, und immer mehr oder weniger dem traurigsten Ungemach ausgesezt. Ich bin überzeugt, daß mit der Huld, womit Sie der König beehrt, die Hindernisse, die Sie zu überwinden haben werden, um es dahin zu bringen, daß er sich durch eine geheime Trauung mit Ihnen verbinde, vielleicht nicht so stark seyn werden, als diejenigen, die sich in den Weg legen werden, um die jezige Favoritin schlechterdings zu verdrängen. Gesezt aber, Sie fänden sehr häufige Schwierigkeiten, der Unterscheid dieser beyden Situationen soll Sie nicht zaudern lassen. Errichten Sie sich also einen Verhaltungsplan, der auf dieses abziele, und gehen Sie nimmer davon ab. Ich sehe es nicht gerne, daß Sie gestern bey der geheimen Zusammenkunft, allzu gefällig gegen den König gewesen sind. Ein allzu leicht erhaltener Genuß, kan bey diesem durch die Wollust erschöpften Fürsten, selbst den feurigsten Hang schwä-

schwächen. Um seine anerbohrne Wankelmuth zu fesseln, so ist es nothwendig, seine Begierden durch eine Widersezung rege zu machen, welche mit genugsamer Kunst begleitet ist, um Ihm nicht die Lust zu benehmen. Ich glaube sogar, daß Er im Fall jener alten Schwelger ist, die in ihren alten Tag noch fromm werden, sich leicht entrüsten, und bisweilen Unruhe und Gewissensscrupel empfinden, über welche man sie alsdann trösten muß. Sie können, Madam, von dieser lezten Blösse mit nicht geringem Erfolg Gebrauch machen, damit Ihre Seele an die seinige gleichsam wie geleimt seye, so stellen Sie sich, als hätten Sie die gleiche Forcht, und die Gewissensbisse, die Er sicher hat; dieses ist ein fast ohntriegliches Mittel, Ihre Absicht zu erreichen. Morgen um 5 Uhr werde ich Sie sehen. Ich gehe zuvor zum König vielleicht sind Sie der Gegenstand des Gesprächs. Wenn es sich zuträgt, so werde ich Ihnen gewiß nichts verderben. Ich bin ꝛc.

Düc von Aiguillon.

CXXXVII. Brief.

An den Duc von Aiguillon.

den 2. Hornung 1774.

Wie! Herr Duc, Ihnen muß ich die bittersten Vorwurffe machen! Ihnen, die ich Sie vom Galgen errettet habe. Ihnen, die ich die Schwachheit gehabt habe, Ihrer Leidenschaft Gehör zu geben! Ihnen, die ich Sie mit Wohlthaten, mit Ehre und Ansehen überhäuft habe! Sie die meine Fußtritte küssen sollten, Sie haben die Abscheulichkeit gehabt, mich zu hintergehen, 'Sie führen dem König ein Weibsbild zu, um Ihre Gutthäterin zu verdrängen! Ich weiß es, ich habe den von Ihrer Hand geschriebenen Beweiß, und kan es doch kaum glauben, so ohnerhört kömt mir diser Streich vor! Das Ungeheuer, welches mir aus dem innersten seiner Höle in Londen die Ehre abschneidt, mich verleumdet, ist in Vergleich mit Ihnen ein Gott. Die Verzweiflung, die Wuth bemächtigen sich meiner Seele! — — — ich brenne vor Rache — — —

ich bin in diesem Augenblik so verwirrt, daß ich noch nicht weiß, welche Wafen ergreifen. —— Ich will in meinem vollen Zorn zum König lauffen, Ihm Ihr Verbrechen und das meinige gestehen, Ihme Ihren Brief an die Freyherrin von Neukerque zeigen, Ihn bitten uns beyde zu straffen. Bis in die Hölle will ich Sie verfolgen, und wenn es Furien für Ungeheuer gibt, Sie ihnen überliefern. Mit einem Wort stellen Sie sich vor, daß ich allem aufbieten werde, dessen ein beschimpftes Frauenzimmer fähig ist. (*)

Gräfin Dü Barry.

(*) Düc von Aiguillon, welcher die fürchterlichen Folgen vorsahe, die die Wuth der Madame Dü Barry haben könte, lief zu ihr hin, warf sich zu ihren Füssen, gestund seinen Fehler, den er nicht in Abred seyn konte, entschuldigte sich so gut er konte, und war noch so glüklich diejenige zu besänftigen, die er so greulich beleidiget hatte. Genug er erlangte Vergebung, unter dem Versprechen, Mad. von Neukerque zu verlassen, und sich nimmer in diese Sachen zu mischen. Er hielt auch wirklich Wort.

CXXXVIII. Brief.

An Herrn Abe von Beauvais, damals Chorherr von Noyon, Prediger des Königs, wirklicher Bischof von Senez. (*)

Am Hohen Donnerstag Abends 1774.

Sie haben, Herr Abe, heute mit einer ausserordentlichen Ohnverschämtheit gepredigt. Statt sich in Ihrer Rede, der Sanftmuth, der Liebe und der Mäßigung zu bedienen, haben Sie die

(*) Abe von Beauvais, der von einer dunklen Herkunft war, hatte beschlossen, auf seiner Station Fortun zu machen, ein Bischofthum zu erlangen, oder in die Bastille zu gerathen. Er nahm zu dem End einen ganz ausserordentlichen Weg; er unterstund sich, wider das ärgerliche Leben Ludwig des Fünfzehnden zu predigen. Er schilderte hauptsächlich seine Leidenschaft für Mad. Du Barry, in einem kraftvollen Gemälde von den Sitten Salomons, worvon das Gleichniß sehr empfindlich war. „Dieser Monarch, sagte er, der

die Frechheit gehabt, das Leben unsers Monarchen in den Augen seines Volks anzuschwärzen. Nur Ihn haben Sie angegriffen, obschon Er der einzige war, dessen Sie hätten schonen, und einiger massen seine Fehler vor seinen Unterthanen entschuldigen sollen. Sie waren, glauben Sie mir's, nicht von der christlichen Liebe beseelt. Der Ehrgeiz, und die Begierde empor zu kommen, waren die einzigen

„Wollust satt, und müde alle Arten des Ver„gnügens, die den Thron umgeben, erschöpft „zu haben, um seine welke Sinnlichkeit wieder „zu erfrischen, endigte darmit, daß er sich eine „neue Art unter dem garstigen Ueberbleibsel „der öffentlichen Verdorbenheit aussuchte." — Madam Dú Barry kannte sich allzu wohl in dieser Schilderung, als daß sie nicht drüber betretten war. Sie schrieb noch selbigen Abend diesen Brief an den Prediger. Sie wollte hernach den König wider ihn aufbringen. Allein Ludwig der Fünfzehende war gut, Er erzörnte sich nicht, Er entschuldigte ihn sogar, sagende, er hätte sein Amt verrichtet.

zigen Triebfedern Ihres Betragens. An der Stelle Sr. Majestät, würde ich Sie auf ein entferntes Dorf verweisen, damit Sie daselbst lernen möchten, vorsichtiger zu handlen, und das Volk nimmer gegen seine Fürsten, die von Gott es zu regieren gesezt sind, aufzuwieglen suchen möchten. Ich weiß nicht, was der König thun wird, aber Sie haben seiner Güte

zu

Man erzehlt, daß eines Tages, wo der Abe mit Heftigkeit wider die alten Sünder, die mitten in ihren eißkalten Tagen noch unreine Flammen der fleischlichen Lüste beybehielten, geredt habe, Se. Majestät sich nach der Predig an den Marschall von Richelieu gewandt, und ihm gesagt hätte: „Wohlan! Richelieu, mich dünkt, „der Prediger habe brav Steine in Euern Gar„ten geworfen." — — „Ja Sire, erwiederte der „Marschall, es sind darvon widerprellt, und bis „in den Parc zu Versailles geflogen."

Dieser Abe erhielt was er verlangte, das Bischofthum von Senez war ledig, und er ward dahin ernannt.

zu viel zugegeben. Sie hätten nicht erwartet, Vorschriften, wie Sie sich betragen sollen, die aus dem Christenthum und der Moral genommen sind, von mir zu erhalten: nun trachten Sie sie zu Ihrem Heil zu benuzen. Hier haben Sie meine Predigt, ich wünsche, daß Sie Ihnen wohl bekomme, und bin ꝛc.

Gräfin Dû Barry.

CXXXIX. Brief.

Von Dauberval Operntänzer.

Paris den 10. April 1774.

Madam! (*)

Wie viel bin ich Ihnen nicht schuldig, und wie es vergelten! Von Ihren Gutthaten über und überhäuft, erhalte ich noch von Ihnen eine Gunst, die einzig ist, und worvon Frankreich

(*) Dauberval, der zu Grunde gerichtet war, drohete seinen Gläubigern und dem Publikum, nach Rußland zu gehen. Madam Dû Barry ließ sich's

reich gegen einen gemeinen von seiner Kunst lebenden Mann kein Beyspiel aufzuweisen hat. Ich stekte in Schulden bis über die Ohren: die Ohnenthaltsamkeit, die unserm Stand so gewöhnlich ist, die Zerstreuung, in der wir leben, der Luxus, zu dem uns die glänzende Gesellschaft, die uns sucht, verleitet, das zur Nothwendigkeit gewordene grosse Spiel, waren die natürlichen Folgen meines Verfalls. Dieses gab mir wenig Anspruch auf die öffentliche Nachsicht Von meinen Gläubigern geplagt, und nicht wissend, wie sie befriedigen,

einfallen, ein so nützliches Süjet nicht wegzulassen. Sie fragte ihn, wie viel erfodert würde, um seine Sachen zu berichtigen? Er sagte, daß er 50000 Livres darzu vonnöthen hätte. Diesem zufolg errichtete sie eine Art Kollette bey Hof, und sie selbsten sammelte die Steuer nach eines jeden Vermögen ein. Man durfte nicht weniger als fünf Louisd'ors einlegen, allein sie foderte bisweilen 10, 15, 20 bis 25. Vermittelst dieser Wendung war die Summe gar bald vollzählig, und das Bedauren der Liebhaber legte sich.

gen, hatte ich den Entschluß gefaßt, mich ausſert Lands zu begeben, und nach Rußland zu gehen, wohin ich gerufen war, und wo der Himmelsstrich, so rauh er auch ist weniger ohnbarmherzig gegen mich würde gewesen seyn. Sie haben nicht wollen, Madam, daß sich ein fremdes Land durch einen Verlust bereichere, der freylich sehr gering ist, den Sie aber zu vergrössern geruht haben. Sie haben behauptet, daß es schimpflich seyn würde, einen so treflichen Tänzer un fünfzigtausend Livres willen, wegzulassen. (Dieses sind Ihre Ausdrüke, und ich würde erröthen selbige zu wiederholen, wenn man bey der Ehre eines Beyfalls, wie der Ihrige, bescheiden seyn könnte.) Aber das, was einem stärkern Kopf den Schwindel machen könnte, ist Ihr Eifer, den ganzen Hof zur Wiederherstellung meiner Glüksumständen in Kontribution zu sezen. Sie hätten mich sicher einzig vom Schiffbruch retten können. Es wäre ein Tropfen Wasser aus einem grossen Fluß, hingegen aber meinem Herzen weit sanfter gewesen, nur eine einzige Beschüzerin zu haben. Wie? was sage ich! Ich habe auch in der That nur Eine, und Ihnen muß ich die Gutthaten so vieler erlauchten Personen verdanken. Sie haben wollen, daß weil alle meine Bewunderer seyen, auch alle zu meiner Beybehaltung beytragen sollen. Sie haben eine Kollekte errichtet, und Sie schienen Ihre Thüre nur nach Verhältniß des Beytrags zu öfnen. Das war eine wirkliche Auflage, mit der Sie alle, die Ihnen ihre Aufwartung machten, beschwerten. Ehedem ließ Madam la Marquise von Pompadour, dieses reizende Frauenzimmer, die Ihnen auf der glänzenden Laufbahn, die Sie betretten, vorgieng, welche die Künste verewigt haben, weil sie sie begünstigte und unterstüzte, eine Lotterie für Gelliotte errichten. (*) Man gab Bälle für Granval, (**) eine Repräsentation für Mole. (***) Alle

(*) Ehemaliger Opernsänger.

(**) Ehemaliger Schauspieler in der franz. Komödie.

(***) Wirklicher Schauspieler in der franz. Komödie.

Alles grosse Männer, unendlich weit über mir, sowohl wegen ihren Talenten, als wegen der Vollkommenheit zu der sie selbige gebracht haben. Sie waren bestimmt Madam, mein Verlust als ein allgemeiner Jammer anzusehen, und um mich zurükzuhalten, Ihre Zuflucht zu jener ausserordentlichen Schazung zu nehmen, die der erhizte Patriotismus sich beeifert um die Wette zu bezahlen. Mich mehr denn jemals ohne alle Ausnahm, Ihren Ergözlichkeiten widmen, ist die einzige Art, wormit ich Ihnen mein Dank bezeugen kan. Ich überlasse es denen Gelehrten und Künstlern Sie würdiger zu erheben. Was hat das Genie nicht von einer solchen Schuzgöttin zu erwarten, wenn sie so vieles für einen Mann nur von bloßen Naturgaben thun, der sich einzig deswegen empfihlt, weil er das Glük hat, etwas zu Ihrem Vergnügen beyzutragen. Die Maler, Bild. hauer. und Kupferstecherkunst haben sich bereits um den Ruhm gezankt, dem erstaunten Europa, die verführerischen Reize Ihres Urbilds zu überreichen. Schon haben die Musen Ihre Schläfe mit ihren Kränzen umwunden. Schon ist der Patriarch der Litteratur, der König unserer Dichter und Philosophen, der Alte von Ferney zu Ihren Füssen gekrochen; und hat Ihnen für seine Persohn, sowohl die Verehrungen des Parnaß als des Porticus gebracht. Möchte sein Beyspiel diejenigen ermuntern, die aus lauter Hochachtung stum waren! Es müsse sich ein allgemeines Concert zu Ihrem Ruhm anheben, und der den Händen der liebenswürdigen Marquisin entfallene Zepter der Künsten und der-Philosophie, die sie noch beweinen, in die Ihrigen übergehen, und selbige in Ihnen eine zwote Minerva schenken. Ich bin mit der allertiefsten Ehrforcht.

Dauberval.

CXL. Brief.

Von dem Dûc von Nivernois. (*)

Paris, den 12. April 1774.

Ich habe Frau Gräfin auf Ihr Anhalten die Fünf und zwanzig Neue Louisd'ors, die Sie mir für meinen Antheil an der Steuer begehrten, die Sie für Dauberval sammeln, nicht abschlagen können. Indessen kan ich Ihnen nicht bergen, daß diese kleine Summe einem armen Edelmann, der ein abgedankter mit Kindern gesegneter Officier ist, und seit vielen Jahren um ein geringes Gehalt gebäten

(*) Madam Dû Barry, die das Gewicht eines Begehrens von dieser Art bey einem solchen Anlas fühlte, nahm das Memorial mit bestem Willen auf sich. Dieser Edelmann, der ohne die feine Wendung seines Wohlthäters vergebens geflehet hätte, kehrt nun wieder in den Schoos seiner Familie zurük, der er Freude und mehrere Gemächlichkeit mitbrachte.

ten hat, gewiedmet war. Da sie ihm die kleine Beyhülfe, die ich für ihn beyseits legte, entziehn, so liegt es Ihnen ob, ihn zu entschädigen. Ich lege sein Memorial meinem Brief bey, und zweifle keineswegs Sie werden darvon gerührt werden, und Ihre bey so vielen Anlässen gezeigte Menschenliebe, werde Sie dahin bringen, ihn zu unterstüzen und ihm einen erwünschten Erfolg zu verschaffen.

Ich bin 2c.

Düc von Nivernois.

CXLI. Brief.

An die Marquisin von Montrable.

Morgen kan ich meine liebe Mamma nicht zu Ihnen kommen, wie ich es Ihnen versprochen hatte. Die Situation des Königs erlaubt es mir nicht ihn zu verlassen. Seit dem Tod des Marquis von Chauvelin, und

des

des Marschall von Armentieres, ist Er so schwermüthig, daß es mir viel zu schaffen macht, und durch die verwünschte Predig des Abe von Beauvais ist sie noch vermehrt worden. Wenn es von mir abgehangen hätte, so hätten Se. Majestät diese Ohnverschämtheit bestraft. Ich habe eine Reise nach Trianon (*) vorgeschlagen. Wir werden uns alle Mühe

(*) Eben diese unglükliche Reise nach Trianon brachte dem König den Tod. Mit Bewunderung und heisser Begierde hatte Er die Tochter eines Tischlers gesehen. Mad. Dü Barry glaubte, daß wenn sie Ihm Gelegenheit machte, seine Begierde zu befriedigen, man Ihm vielleicht sein finsteres Wesen benehmen könte. Diesem zufolg lies man dieses junge Mädgen kommen, das man aber nicht anderst als durch Drohungen und Versprechungen eines grossen Vermögens zum Beyschlaf mit dem König bringen konte. Se. Majestät hätten des zubereiteten Vergnügens nicht vollkommen geniessen können, wenn man Ihm nicht mit ausserordentlich stärkenden Mitteln aufzeholffen hätte.

Mühe geben, das Gemüth des Königs zu beruhigen, und Ihn wieder fröhlicher zu machen. Ich werde Sie meine liebe Mamma, besuchen, so bald ich kan. Sie kennen alle das Vergnügen, daß ich habe, Ihnen die Versicherungen meiner wahren Ergebenheit zu erneuern.

Gräfin Dü Barry.

CXLII.

Dieser Genuß, war für beyde traurig. Das Mädgen war schon von den Pokken angestekt, ohne daß sie es wußte, und die Symptomata dieser Krankheit, zeigten sich am folgenden Morgen mit vieler Heftigkeit bey ihr, so daß sie am dritten Tag daran starb. Da das Gift auch den König anstekte, so ward Er krank, ohne daß man noch wissen konnte, was für eine Art Krankheit Er hatte.

CXLII. Brief.

An die Marquisin von Montrable.

Der König, meine liebe Mamma, hat nun ganz zuverläßig die Pokken. Ich hatte alles angewandt, um Ihn zu vermögen, daß Er in Trianon bleibe; allein la Martiniere, der sich die Macht, die Ihm die Schwachheit des Monarchen gab, zu Nuze machen wollte, hat Ihn dahin gebracht, daß Er nach Versailles zurükkehrt. Ich weiche Ihm nicht vom Bett weg. Sein Zustand dünkt mich noch nicht gefährlich, weil Er selbst nicht angegriffen ist. Allein in seinem Alter können sich die Sachen alle Augenblik ändern, besonders in einer Krankheit von solcher Beschaffenheit. Ich bin so glüklich gewesen, Ihm Zutrauen für meinen Arzt Bordeu beyzubringen. Dieser besorgt Ihn hauptsächtlich nebst le Monnier. Man wollte Ihm gleich die heil. Sakramente reichen; es war mir aber alles daran gelegen, daß es nicht geschehe. Bordeu hat sich sehr wider-

widersezt, und es ist ihm gelungen, es abzuwenden, indem er sagte, daß dieser Apparatus für die Kranken öfters von traurigen Folgen wäre. Leben Sie wohl meine liebe Mamma; ich verlasse Sie, um wieder zum König zu gehen. Ich bin ꝛc.

Gräfin Dü Barry.

CXLIII. Brief.

An die Marquisin von Montrable.

Der Streich ist versezt meine liebe, Mamma, der König, der sich sehr übel befindet, hat der Düchesse von Aiguillon sagen lassen, daß es Ihm lieb seyn würde, wenn sie mich zu Ihm hinführte. Diesem zufolg sind wir nach Ruelle abgegangen, von wo aus ich Ihnen schreibe. Se. Majestät hat, bevor Er das Viaticum empfieng, sich durch den Mund seines Geistlichen erklärt, daß es Ihm leid seye, seinen Unterthanen Aergerniß gegeben zu haben; daß Er hinfüro

füro nur zur Stüze des Glaubens, der Religion und zum Glük seines Volks leben wolle. Um die Versprechungen eines Sterbenden soll man sich nicht bekümmern. Sie sind alle gleich, bis sie wieder gesund sind. Wenn der König so glüklich ist, so bin ich versichert, daß sich meine Lage nicht verändert. Leben Sie wohl, liebe Mamma. Ich bin 2c.

Gräfin Dü Barry.

N. S. Als ich diesen Brief an Sie abschiken will, vernehme ich, daß es um den Kranken nicht mehr so gefährlich steht.

CXLIV. Brief.

An die Vorige.

Ich fange an, meine liebe Mamma, von der Situation des Königs übel zu urtheilen. Gestern waren die Besuche den ganzen Tag ohne Unterlaß, heute habe ich blos zween empfangen. Ueberdas hat Abe Terray, von dem

ich

ich dreymal hundert tausend Livres begehrte, mir selbige trozig abgeschlagen. Wenn der König wieder aufkömmt, so werde ich für diese Ohnverschämtheit Genugthuung verlangen. — Ich höre eine Kutsche, ich will sehen, was es ist.

Es ist geschehen, meine theure Mama. Der König ist nimmer. Dieser garstige Dúc de la Brilliere ist gekommen, mir's anzusagen, und mir einen Befehlsbrief einzuhändigen, der mich in das Kloster von Pont-aux-Dames bey Meaux (*) verweißt. Ich bin ihm mit dem.

(*) Madam Dú Barry war über den Verweisungs-Brief wie vom Bliz getroffen. Sie rief mit ihrer anerbohrnen Energie aus: „Die hübsche sch— „Regierung, die mit einem Verweisungsbrief an- „fängt.“ Sie machte dem Dúc de la Brilliere die derbsten Verweise, daß er diese Kommißion übernommen habe, und behandelte ihn mit der äussersten Verachtung. Der Verweisungsbrief war indessen nicht hart. Madam Dú Barry wußte das Staatsgeheimniß, und es war klug gehandelt, zu verhüten, daß ein so leichtsinniges

dem grösten Stolz begegnet. Dieser Ohnverschämte, der gestern noch kriechend vor mich kam, scheint heute über meine Ungnade zu triumphieren. Ich bin über den Aufenthalt, zu dem ich verurtheilt bin, ausser mir, noch mehr aber über die Art, wie ich darinnen leben soll. Man erlaubt mir nicht mehr als eine einzige Kammerfrau; ich darf niemand sehen, und von niemand keine Briefe annehmen oder abschiken, die Superiorin habe sie dann gesehen. Ich habe nach meinem Sachwalter geschikt, um ihm Befehle zu geben, über die er Ihnen Bericht geben muß. Wachen Sie, ich bitte

Sie,

Frauenzimmer selbiges nicht ausbriefe. Der König sagte in diesem Brief, daß Ihn Staatsgründe nöthigten, ihr zu befehlen, sich ins Kloster zu verfügen; daß Ihm die Gewogenheit, wormit sie von seinem Großvater beehrt worden seye, wohl bekannt wäre, und daß man bey nächstem darauf bedacht seyn werde, ihre Entfernung zu lindern, und ihr ein anständiges Gehalt zu geben, wenn ihre Situation es erfodere.

Sie, über das was er thut, und daß man mich so wenig als möglich plündere. Ich werde Ihnen schreiben, wenn ich kan, sobald ich in ienem Kerker bin. Gott erhalte Sie, meine liebe Mamma; ich habe so viele Vorkehrungen zu treffen, und bin so voller Zorn, daß ich förchte, ich werde abreisen, ohne an etwas denken zu können.

Gräfin Dü Barry.

Bis hieher geht im französischen Original die Sammlung der Briefen der Madam Dü Barry. Es heißt in selbigem, daß dem Verfasser noch eint und andere Briefe seit ihrer Verweisung zu Handen gekommen seyen; allein da sie nur häusliche Angelegenheiten enthielten, wären sie des Druks ohnwürdig erachtet worden.